Élever un garçon aujourd'hui

« C'est la vie aussi »
Collection dirigée par Bernadette Costa-Prades

À Alexandre Ivanoff
et à l'homme qu'il sera.

© Éditions Albin Michel, 2005

Dr Stéphane Clerget
Pascale Leroy

Élever un garçon aujourd'hui

En faire un homme, pas un macho !

Albin Michel

Introduction

▪ Le macho, un homme menacé

On aurait pu croire que la libération de la femme avait condamné les machos à une mort naturelle : n'ayant plus aucune raison ni aucun moyen d'affirmer que le sexe féminin était inférieur au leur, ils n'avaient plus qu'à se résoudre à cette réalité et à composer avec. Et pourtant le machisme a bien failli devenir grande cause nationale, au même titre que le cancer et les accidents de la route.

Ainsi, au début de son deuxième mandat, le président de la République, Jacques Chirac, a-t-il fait de la lutte contre toute forme de discrimination – qu'elle soit raciale, sexiste ou homophobe – l'une de ses priorités. Après bien des discussions et bien des ajournements, les députés ont finalement adopté, le 7 décembre 2004, un projet de loi pour la création d'une Haute Autorité de lutte contre les discriminations et pour l'égalité (HALDE). La loi prévoit également un renforcement de la lutte contre les propos à caractère sexiste ou homophobe, qui sont désormais passibles d'un an d'emprisonnement.

Élever un garçon aujourd'hui

On ne peut que se réjouir de telles mesures, même si l'on est en droit de penser qu'elles sont pareilles à l'arbre qui cache la forêt, parce qu'elles ne s'attaquent qu'à la partie la plus visible du machisme. Les mots, si insultants soient-ils, ne font que dire tout haut ce que certains comportements continuent de suggérer. À quand, par exemple, la pénalisation pour tous les patrons qui emploient des femmes et, à fonctions et responsabilités égales, s'obstinent à les payer 20% de moins que leurs collègues masculins ? Cette disparité des salaires est pourtant l'une des preuves les plus édifiantes de la discrimination sexiste, à laquelle il serait grand temps de mettre fin.

Et qui oserait condamner les auteurs et concepteurs de tous ces clips et autres publicités qui, sous prétexte de mise en scène et sous couvert de deuxième degré, se plaisent à donner une image réductrice de la femme, la présentant dans le meilleur des cas comme un signe extérieur de richesse parmi d'autres, quand ils ne la rabaissent pas au rang d'objet sexuel, pur produit de consommation ?

Face à tous ces faits, si peu nouveaux hélas, il reste donc à espérer que la loi constitue un pas supplémentaire vers une égalité entre les sexes qui, si elle a fait des progrès, n'est pas encore totalement acquise. Subsistent, ici

Introduction

et là, des zones de résistance du machisme, comme si le nouveau statut de la femme ne parvenait pas à contrebalancer des archétypes archaïques. À moins qu'il ne leur redonne une certaine vigueur.

Les droits des femmes, des avancées récentes

Faut-il le rappeler, les droits des femmes sont des acquis de fraîche date. Le droit de vote ? 1944. La contraception ? 1966. L'accession des filles aux enseignements techniques et scientifiques ? 1966 aussi. La mixité dans les écoles ? Si elle existait dans certains collèges et écoles avant 1968, c'était uniquement dans les cours de récréation, les classes de filles et celles des garçons restant séparées. La mixité s'est peu à peu généralisée dans les années 1970, mais c'est la loi Haby qui l'a rendue obligatoire... en 1975, il y a à peine trente ans, donc.

Parce qu'elles sont récentes, ces avancées restent fragiles. D'autant plus fragiles que, par ailleurs, une bonne partie de notre culture repose encore sur des modèles beaucoup plus anciens. Tout notre champ de références, fait d'histoire, de littérature, de cinéma, est imprégné d'un autre mode de pensée et de fonctionnement, et propose un monde où l'homme et la femme ne sont pas égaux, et où les rôles sexués sont très différenciés. Cette culture ancestrale, d'autant plus vivace qu'elle est encore incarnée par certains de nos parents et grands-parents, entre en collision avec les représentations actuelles, sur lesquelles elle réussit parfois à prendre le dessus, au risque de nous faire considérer comme « normales » des différenciations en grande partie obsolètes. La libération des femmes a en effet bouleversé nos repères et nous oblige à inventer d'autres façons d'être ensemble, entre hommes et femmes. Mais la difficulté de vivre sans points de repère peut être génératrice d'une angoisse que l'on essaie de juguler en se raccrochant à des références anciennes. À défaut de nous satisfaire, elles nous rassurent parce qu'elles sont connues et familières. C'est de cette manière que, dans l'éducation de nos enfants, nous pouvons emprunter au modèle que nous ont transmis nos parents : il n'était sans doute pas idéal, mais il a le mérite d'exister et de constituer une base.

Introduction

▪ Des générations de transition

Le modèle français d'égalité et de parité entre les sexes, aussi imparfait soit-il, n'est pas, et c'est un euphémisme, prédominant dans le monde. De nombreux pays, que ce soit en Afrique, en Amérique du Sud ou en Asie, ont une conception des sexes et de leurs rôles radicalement différente.

Mais la France, ouverte sur l'extérieur, subit peu ou prou ces influences contribuant elles aussi à fragiliser notre système qui, s'il est dynamique et tourné vers le progrès, n'a pas achevé sa mue. On pourrait dire qu'en matière d'égalité entre les sexes, la France est semblable à une adolescente. L'évolution et les transformations qu'elle est en train de vivre la portent vers l'avenir en même temps qu'elles la rendent vulnérable. Si bien que dès qu'elle se sent remise en cause ou attaquée, elle peut montrer une tendance au repli et à la régression vers un état antérieur.

Immigration aidant, certains jeunes Français ont des mères qui ne correspondent pas à l'image de la femme occidentale, laquelle est l'égale de l'homme en termes de pouvoir et de fonctions. Ce décalage qui brouille les repères peut entraîner une fragilité et pousser les garçons à défendre à la fois leur identité et celle de

Élever un garçon aujourd'hui

leur mère en adoptant, en réaction, un positionnement un peu extrême. Il ne s'agit pas de pointer du doigt l'immigration et d'en faire le terreau du machisme actuel. Tout au plus peut-on tenter d'éclairer certains comportements. À son arrivée en France, la génération des parents s'est adaptée à notre système égalitaire et, à défaut de le faire sien, ne l'a pas rejeté. Parvenus aujourd'hui à l'adolescence, leurs enfants, comme tous les enfants du monde, ont besoin de prendre leur distance avec leurs parents. Peut-être certains y parviennent-ils en s'appuyant sur l'exemple de leurs grands-parents, ce qui est pour eux une façon de contester l'autorité parentale tout en restant inscrits dans une filiation indispensable pour se construire. Mais c'est souvent un modèle méconnu, présupposé, qu'ils imitent, et de façon rigidifiée.

Pourtant, il serait trop simple de rendre l'immigration responsable de nos hésitations, de nos retours en arrière. Et cette explication vaut pour les Français non issus de l'immigration, les adolescents pouvant rejeter l'image d'un père « moderne » – c'est-à-dire participant aux tâches domestiques, acceptant de partager le pouvoir avec sa femme – pour mieux s'identifier à un grand-père traditionnel, dont la femme n'a jamais travaillé et qui regarde avec circonspection l'évolution des comportements.

Introduction

■ Un contexte économique peu propice à l'évolution des mentalités

Il serait plus juste de penser que le machisme se perpétue surtout dans les zones économiquement défavorisées. Celles où les pères sont souvent au chômage, dévalorisés, rejetés par la société, et où le vrai pouvoir – à savoir financier – appartient à la mère, qu'elle perçoive un salaire ou des allocations. Ce serait alors pour restaurer l'honneur de ces pères bafoués que les fils tenteraient de rabaisser les femmes au rang d'objet, afin de lutter contre un excès de pouvoir féminin.

Plus généralement, le machisme est surtout le fait des zones de non-droit, où règne la loi du plus fort, essentiellement celle des hommes, ces caïds qui exercent leur domination sur ce qui leur semble le plus aisément vulnérable, à savoir les femmes. Plus le contexte économique est difficile, plus le machisme risque de reprendre du poil de la bête. En effet, à travers les siècles, on observe que c'est toujours durant les périodes de forte croissance économique que l'évolution des mœurs et des mentalités a été la plus spectaculaire, ce qui fut notamment le cas dans les années 1960-1970. Au contraire, en cas de crise ou tout au moins de turbulences, on se montre plus frileux, comme si l'on se méfiait

Élever un garçon aujourd'hui

d'un progrès qui n'apporte pas les résultats escomptés, et l'on peut avoir tendance à idéaliser les valeurs du passé. C'est ainsi que, dans la morosité actuelle, et à défaut de trouver des solutions satisfaisantes, certains n'hésitent pas à proposer des mesures visant à renvoyer les femmes à la maison, au nom de leur épanouissement, cela va sans dire.

Pourtant, personne n'est dupe, il s'agit là de mesures «protectionnistes», visant à défendre les intérêts des hommes. Car si les femmes ont travaillé de tout temps, essentiellement dans les milieux ruraux et ouvriers, elles n'étaient cependant pas reconnues comme économiquement productives. Leur accession à des métiers et à des postes longtemps réservés aux hommes, leurs revendications salariales font qu'elles ont désormais «officiellement» une double compétence; la première, ancestrale, d'être «gardiennes du foyer» et de s'occuper des enfants; la seconde, toute récente, d'être reconnues et de réussir socialement. Les hommes, de leur côté, à qui l'on n'a jamais appris à s'occuper de la maison, se retrouvent donc compétents uniquement sur le plan social, ce qui les met en position d'infériorité et favorise des réactions machistes de défense.

On entend justement, ici et là, que si les hommes évoluent peu ce serait la faute des femmes, incapables de

Introduction

déléguer et de partager leur territoire domestique et maternant. L'affirmation, même partiellement exacte, demande à être nuancée: c'est parce qu'elles continuent, malgré tout, d'être défavorisées socialement, davantage touchées par le chômage, que les femmes s'accrochent à leur pouvoir dit «féminin» et hésitent à le partager. Les tentatives pour les renvoyer à la maison bloquent donc toute évolution vers l'égalité.

▪ Une survalorisation des valeurs dites «féminines»

L'écoute, la douceur, l'intuition, la sensibilité, l'expression des émotions et des sentiments, la souplesse d'adaptation, le contrôle de soi…, autant de qualités qui, de tout temps, ont été attribuées aux femmes. La liste n'est pas close de ces vertus qu'on leur accordait d'autant plus volontiers qu'elles n'étaient pas menaçantes et restaient à la place qu'on daignait leur reconnaître. C'était en quelque sorte leur signifier qu'il s'agissait là des limites de leur territoire, de leurs compétences, de leur identité, excluant les autres possibilités d'être, tandis que les hommes restaient libres de les dominer et de leur imposer leur loi.

Élever un garçon aujourd'hui

À eux, on reconnaissait des qualités typiquement masculines : l'ambition, la force physique, le goût du risque, la vigueur…, qui dessinaient la parfaite panoplie du guerrier. Mais puisque, dans nos pays tout du moins, les guerres se font heureusement plus rares, tout se passe comme si ces valeurs n'avaient plus cours. Cette répartition des qualités en fonction des sexes est à ce point ancrée en nous que les photos prises pendant la guerre en Irak et montrant une soldate américaine torturant et humiliant des prisonniers de la prison d'Abou Ghraïb ont provoqué un tollé : comment une femme pouvait-elle être à ce point monstrueuse, capable de telles ignominies ? Plus encore que les faits en eux-mêmes, ce qui semblait insupportable était qu'ils soient accomplis par une femme.

Mais les femmes avaient déjà montré qu'elles savaient être des guerrières. En effet, leur évolution ne s'est pas faite qu'à coup de revendications et de négociations policées et aimables. Passant parfois par une attaque en règle du pouvoir masculin en place, le féminisme n'a pas toujours été dépourvu de radicalisme et a pris, par moments, des airs de guerre entre les sexes. Pour s'imposer à des postes de pouvoir et d'influence, certaines ont sans doute puisé dans un arsenal de valeurs guerrières prétendument réservées aux hommes et furieuse-

Introduction

ment vilipendées. Mais leur légendaire douceur et leur fameuse sensibilité réussiraient à transformer en qualité ce que, chez l'homme, on considère désormais comme un défaut. L'ambition par exemple, l'envie de réussir serait chez la femme une preuve de caractère quand elle ferait de l'homme un oppresseur, voire un machiste. Si les passions se calment, l'équilibre n'est pas encore atteint. Et, retour de balancier, ce sont aujourd'hui les hommes qui se sentent – à juste titre ? – en danger. Pour résister, deux voies s'offrent à eux : soit ils acceptent de s'initier aux compétences des femmes – si toutefois elles acceptent de les partager –, soit ils réaffirment, et de façon offensive, leurs valeurs masculines.

Le machisme, comme beaucoup de formes de racisme, est un réflexe de peur, une réaction de défense identitaire face à un autre que l'on perçoit comme menaçant. Moins on se sent reconnu dans son identité, plus on cherche à se protéger en l'affirmant, même de manière excessive. C'est dire l'importance de l'éducation que nous donnons à nos fils : plus on les aidera à se sentir bien dans leur peau et à être fiers de leur identité masculine, plus on les rassurera sur leurs compétences, moins ils redouteront le pouvoir des femmes sur eux.

Chapitre 1
Notre inconscient nous joue-t-il encore des tours ?

On prétend, en toute bonne foi, que nous ne faisons aucune différence entre nos enfants et que nous élevons filles et garçons de la même façon. Pourtant, dès avant la naissance, nos comportements s'adaptent au sexe de l'enfant, contribuant à forger son identité sexuée.

Pendant longtemps, les parents ont souhaité que leur premier enfant soit un garçon. Parce qu'il assurait la perpétuation du nom du père, il était souvent élevé dans le but de lui succéder et pouvait, en cas de nécessité, faire office de jeune chef de famille. Aujourd'hui, la plupart des parents disent ne pas avoir de préférence. Garçon ou fille, peu importe. Et si père et mère ont des attentes plus ou moins avouées, ils s'adaptent au sexe de leur enfant. Même s'ils souhaitaient un garçon, ils sont finalement ravis d'avoir une fille, et inversement. Mais qui sait dans quelle mesure leur espoir déçu n'influe-t-il pas sur leur façon d'être avec leur bébé ?

■ Le poids des projections

Les parents sont de plus en plus nombreux à souhaiter connaître le sexe du bébé à naître. Échographie aidant, on n'attend plus seulement un enfant, mais déjà un garçon ou une fille. Cela n'empêche pourtant ni le rêve ni l'imagination. Le garçon que l'on porte est en partie un garçon imaginé, sur lequel nous projetons des désirs (et aussi des craintes) conscients. Ces désirs dépendent de notre histoire personnelle, des modèles qui nous ont aidés à nous construire, et de la façon dont soi-même on se perçoit en tant qu'être humain sexué et dont on perçoit l'autre sexe. Mais nous portons également un garçon imaginaire, qui est l'objet de désirs inconscients cette fois. Même si nous avons désormais une vision égalitaire des sexes, notre inconscient est encore nourri de stéréotypes qui font la part belle à la différenciation.

Notre inconscient nous joue-t-il encore des tours ?

Se projeter, c'est se mettre à la place de son fils, lui prêter des sentiments, des pensées, des goûts…, qui sont souvent les nôtres. Notre petit garçon va devoir se conformer, au moins en partie, à l'idée que nous avons, même avant sa naissance, de ce que doit être un homme. Si pour nous, un garçon, c'est fort et décidé, on se félicitera qu'il gigote et donne de vigoureux coups de pied dans notre ventre. S'il se manifeste peu, on s'inquiétera, alors que si nous attendions une fille, nous ne nous étonnerions pas qu'elle soit calme. D'emblée, nous prêtons au bébé un tempérament qui correspond à un modèle plus ou moins stéréotypé et qui va l'influencer.

La machine à différencier

À partir du moment où l'on connaît le sexe de l'enfant à naître, la machine à différencier se met en marche, même à notre insu. On va par exemple repeindre sa chambre en bleu ou en jaune pâle quand on aurait plus volontiers choisi du rose pour une fille. Ce repérage des sexes s'observe aussi dans le choix des jouets et des objets familiers de l'enfant. Si les peluches sont unisexes ou neutres, on offrira au garçon un lion, puissant et rugissant, la fille ayant droit à une panthère, féline, ou… à un

Élever un garçon aujourd'hui

lapin, plus doux et plus inoffensif ! Les biberons, assiettes et verres du premier âge se distingueront aussi par leurs couleurs, comme plus tard la première brosse à dents. S'ils peuvent paraître anecdotiques, ces choix sont pourtant significatifs, car ils renforcent l'identité sexuée, en la conformant à une norme.

La façon dont on habille les enfants illustre l'évolution des mœurs et des mentalités. Au début du XXe siècle, garçons et filles étaient habillés de la même manière, plutôt féminine puisque les garçons portaient des brassières et des robes à smocks, et avaient les cheveux longs et bouclés. Il est donc amusant de constater que, plus on parle d'égalité entre les sexes, plus on s'obstine à les différencier dès la naissance, à donner aux garçons l'apparence qui doit être celle de leur sexe ! Si cela ne choque plus personne de voir une toute petite fille en pantalon, nul ne songerait plus à mettre des robes à smocks à un garçon. Comme si, au nom de cette fameuse égalité à laquelle nous aspirons, nous étions prêts à «masculiniser» les filles, tandis que nous nous montrons toujours très réticents à «féminiser» nos garçons. C'est quelque chose que l'on retrouvera tout au long du développement de l'enfant et de son éducation : les filles sont désormais encouragées à adopter des qualités et des comportements réputés masculins, alors que les garçons sont censurés dès lors qu'on les considère comme trop féminins. Autrement dit, on invite davantage ces derniers à se conformer à un modèle figé que l'on prétend vouloir combattre.

Cherchez le macho dans la famille

Pour l'enfant, le prénom est important car c'est le premier signifiant verbal dans lequel il va se reconnaître. Parlant de lui, il dira d'abord «Paul veut», «Lucas mange», avant de pouvoir dire «Moi veux», «Moi mange», qui précèdent «Je mange», «Je veux». Sans doute le prénom a-t-il une influence sur l'enfant. Qu'il soit typiquement masculin, comme Hugo ou Baptiste, ou mixte, comme Camille ou Dominique, n'est pas le plus important et il va sans dire que ce n'est pas parce que l'on appelle son fils Camille qu'il deviendra efféminé. En revanche, il est intéressant de se demander ce que ce prénom représente pour nous et de quel désir il est le reflet. En donnant le nom d'un grand-père, d'un oncle ou d'un amour de jeunesse, nous exprimons notre désir de voir notre fils «(ré)incarner» l'un de ces hommes aimés et nous allons l'encourager à ressembler à ce modèle. Parfois, le prénom semble choisi au hasard, par pure question de goût, ce qui ne doit pas

Élever un garçon aujourd'hui

nous empêcher de rechercher à quoi ou à qui on l'associe. Dans tous les cas, ce prénom est un élément d'identification pour le garçon, comme l'est le jeu des ressemblances auquel tout le monde se livre autour du berceau. «C'est le portrait de son père!», «Il a les yeux de son parrain», «Il a le sourire de tante Sophie», «Il est aussi agité que sa sœur était calme»... Notons au passage que tant qu'il s'agit de ressemblances physiques on parvient à lui trouver des modèles féminins, mais dès lors qu'on évoque le tempérament on choisit plus volontiers des hommes. Toutes ces personnes auxquelles on le réfère sont à la fois des repères qui l'inscrivent dans une filiation et des modèles dans lesquels le garçon va puiser des éléments d'identification. Projeter ainsi sur son enfant une identité n'est pas préjudiciable, au contraire : pour se construire et devenir, il a besoin qu'on imagine qui il sera plus tard. Plus on lui propose de modèles de référence, plus il aura la possibilité de choisir chez les uns et les autres des traits identificatoires particuliers. Mais si on ne le compare qu'à une seule personne, l'éventail des possibilités se réduit. Si le petit garçon est d'emblée considéré comme «le portrait craché de son grand-père, même nez, mêmes yeux, mêmes expressions, même caractère de cochon», c'est en priorité à ce grand-père qu'il s'efforcera de ressembler et sur lui qu'il calquera sa façon

Notre inconscient nous joue-t-il encore des tours?

d'être. Pour peu que le grand-père en question soit un bon macho à l'ancienne – ce qui n'empêche pas qu'on l'adore –, on sème, bien malgré nous, quelques graines de machisme sur lesquelles il va falloir veiller en expliquant à notre fils qu'il n'est pas obligé d'être exactement comme papy. Bien sûr, les choses ne sont pas aussi schématiques et de nombreux paramètres vont entrer en jeu, renforçant ou minimisant ce modèle grand-paternel, mais en le choisissant on indique en quelque sorte à notre fils la voie à suivre.

Des comportements différents et adaptés au sexe de l'enfant

À ceux qui en douteraient, des expériences prouvent qu'aujourd'hui encore nous n'avons pas la même idée de ce que sont les filles et les garçons. On présente ainsi un même groupe de bébés à des adultes, affirmant aux uns qu'il s'agit de garçons, aux autres qu'il s'agit de filles. Observant les réactions dans certaines situations, les adultes qualifient les supposés garçons de «coléreux», «bagarreurs» et «costauds»; les filles, elles, sont jugées «capricieuses», «coquines» ou «gracieuses». Cette différence de perception des caractéristiques propres à chaque sexe explique sans doute en partie que nous ne nous comportons pas de la même façon avec un garçon ou une fille.

La mère a tendance à porter son fils plus longtemps, à le sevrer plus tardivement. Est-ce parce que, comme le prétendait Freud, avec un bébé garçon elle se sent enfin complète ? Ou est-ce parce que le garçon est de nature plus irritable et moins facilement consolable ? À moins qu'il devienne plus intolérant à la frustration et plus râleur, à force d'être porté...

Avec ce garçon, père et mère ont davantage d'échanges corporels, échanges assez vifs en ce qui concerne le père, champion du « lancer de bébé » en l'air. Mais les deux vont très vite lui proposer des jeux assez physiques, l'encourageant à marcher, courir, sauter, grimper..., comme s'ils étaient une caractéristique de son sexe.

Les face-à-face, les sourires et les échanges verbaux se font plus volontiers avec les filles et si, avec celles-ci, on parle de soi, d'elle, de la relation qui nous lie, avec les garçons on parle plus facilement de l'environnement, des autres et de toutes les choses extérieures... Est-ce pour cela que les filles parlent plus tôt et mieux, et que les garçons garderont toujours une certaine difficulté dans l'expression de leurs émotions ?

Notre inconscient nous joue-t-il encore des tours?

Toutes ces façons d'être inconscientes font qu'il devient parfois difficile de faire la part entre l'inné et l'acquis, entre ce qui serait par nature masculin ou féminin. De son côté, le bébé qui, à la naissance, ignore totalement qu'il a un sexe va peu à peu commencer à percevoir des différences. La voix de sa mère est mélodieuse, celle de son père est grave; la joue de maman est douce, alors que celle de papa pique; maman a des gestes plus tendres, plus enveloppants, ceux de papa sont plus brusques, surtout avec son fils, justement. Ainsi le monde du petit garçon commence à se diviser et à s'ordonner par «paires contrastées»: le masculin et le féminin en forment une, comme le froid et le chaud, le doux et le dur, le jour et la nuit... Cette répartition l'aide à se repérer et à se construire. Mais au-delà des différences physiques, ce sont les attitudes parentales qui vont incarner le masculin et le féminin.

Y a-t-il un tempérament spécifiquement masculin?

Pendant les six premières semaines de son existence, le cerveau du garçon est imprégné de testostérone, hormone masculine qui est aussi l'hormone de l'agressivité.

Élever un garçon aujourd'hui

Cela tendrait à expliquer que les petits « mecs » sont plus actifs, voire plus agités que les filles.

Mais ceux qui ont plusieurs enfants le savent bien, chaque bébé naît avec un caractère (ou tout au moins une ébauche de caractère) et un tempérament particuliers, indépendants de son sexe ; il est donc tout à fait possible d'avoir un garçon calme et tranquille. C'est avec ses particularités que le bébé entre en interaction avec ses parents et les personnes qui s'occupent de lui : il réagit à sa façon aux sollicitations des adultes, qui à leur tour vont adapter leur attitude et leurs paroles afin d'obtenir une réponse plus favorable chez l'enfant. Il n'est donc pas interdit de penser que si un petit garçon hurle dès que son papa le jette dans les airs, celui-ci va éviter ce genre de jeux et essayer de trouver d'autres moyens d'entrer en contact avec son fils. À moins que, persuadé que le lancer de bébé est un truc d'homme et que tout homme digne de ce nom ne saurait être peureux et « pleurnichard », le père ne s'obstine dans ce jeu afin de viriliser son fils… Lequel finira peut-être par réussir à maîtriser sa peur, pour faire plaisir à son papa et rester en relation avec lui.

Il s'avère en effet que ce sont bien les parents qui, par leurs comportements et leurs paroles, autorisent, favorisent ou interdisent certains traits de caractère de leur enfant dès son plus jeune âge. Ainsi, les mères tolèrent-elles davantage les manifestations de colère chez leur fils. Comme si cette colère était un trait de caractère typiquement masculin, elles qualifient alors leur fils de «ronchon», quand leur fille se voit traitée de «capricieuse». L'enfant va peu à peu se reconnaître dans ces qualificatifs et ces interprétations qui contribuent à forger son identité sexuée. Pour lui, elles deviendront des caractéristiques de son sexe.

Est-ce un hasard? On observe que ce sont les pères qui ont la vision la plus conformiste de ce que doivent être les rôles et les conduites de chaque sexe. Si l'on peut penser que cela est dû à l'éducation qu'ils ont reçue, on comprendra d'autant mieux qu'il est indispensable de tout faire pour éduquer les garçons d'aujourd'hui autrement. Car si les différenciations que nous transmettons ne sont pas forcément machistes, elles sont purement culturelles. En imposant aux garçons de renoncer à certaines choses sous prétexte qu'elles ne sont pas de son sexe, ces différenciations les limitent et les emprisonnent dans des comportements stéréotypés que l'on ne cesse de dénoncer.

Élever un garçon aujourd'hui

L'essentiel

▪ L'enfant se construit à partir des projections conscientes ou inconscientes que nous avons sur lui.

▪ L'égalité entre hommes et femmes n'a pas réussi à balayer les anciens modèles qui servent encore de référence à nos conceptions du masculin et du féminin.

▪ Le petit garçon repère et adopte les caractéristiques de son sexe, telles qu'elles sont représentées et définies par ses parents.

▪ Chaque garçon a un tempérament particulier. Les parents doivent s'y adapter plutôt que tenter à tout prix de rendre leur fils conforme à leur idée de ce que doit être un homme.

Chapitre 2
Le jeu des identifications

Les parents sont les premiers supports de l'identification qui va se poursuivre et se diversifier tout au long du développement du garçon et même durant sa vie d'homme. Les membres de son entourage, adultes, mais aussi enfants, vont donc constituer d'autres modèles.

S'identifier, c'est d'abord imiter, puis intégrer en soi, faire sien quelque chose que l'on observe ou pressent chez l'autre : un comportement, un geste, un sentiment, un goût, un désir... Il s'agit d'un processus complexe, mais essentiel à la construction de l'enfant.

La mère, premier modèle

Le nouveau-né vit en fusion avec sa mère. *In utero* bien sûr, mais aussi durant les premières semaines, voire les premiers mois de son existence. Il ne se perçoit pas encore comme différent d'elle, mais plutôt comme son prolongement. Peu à peu, il se détache. Vers 8-9 mois, il quitte le stade de sujet fusionnel pour accéder à celui de sujet autonome, mais un sujet non encore conscient de son sexe. Comme tous les enfants, il s'identifie principalement à ceux qui sont plus grands que lui et avec qui il passe le plus de temps. Aujourd'hui, c'est encore la mère qui s'occupe le plus de lui et c'est sur elle qu'il prend d'abord modèle. Il ne la perçoit alors ni comme un homme ni comme une femme, mais comme une entité qui englobe toutes les identités sexuées.

À partir de 2-3 ans, le petit garçon commence à s'intéresser aux différences entre les sexes. Cette période, qui est aussi celle de la prise de conscience de son identité sexuée, coïncide avec la bien nommée «phase d'opposition». Le garçon dit non à tout et souvent avec virulence et détermination. Non, il ne mangera pas; non, il ne s'habillera pas; non, il ne veut pas sortir; non, il ne veut pas prendre son bain... Non, non, et non! Ce non est une façon de s'affirmer en tant qu'être autonome

Le jeu des identifications

et aussi en tant qu'être sexué. Pour affirmer ce sexe masculin, il lui faut absolument se détacher de la mère, et c'est sans doute pourquoi la phase d'opposition est souvent plus prononcée et plus aiguë chez le garçon que chez la fille. Pour la mère, elle est aussi beaucoup plus éprouvante! Surtout que, dans le même temps, il peut se conduire comme un vrai petit macho, lui donner des ordres, taper du pied parce qu'elle tarde à le satisfaire. Il cherche par là à tester les limites et à se rassurer sur son amour. Plus que jamais il faut être ferme, mais sans perdre de vue que, pour lui, dire non à sa maman est essentiel car cela lui permet de prendre de la distance et de se protéger d'une possible dévoration maternelle : parce que la mère a longtemps satisfait ses besoins et ses désirs, le garçon la perçoit comme un tout, elle est toute-puissante et c'est cela qui la rend du même coup menaçante. Rester collé à elle, c'est être menacé d'un possible retour à l'état antérieur de bébé, dépendant et sans sexe.

Pour mieux se décoller, le garçon va commencer à se tourner davantage vers des personnes de son sexe. Comme si le fait d'avoir en commun une même anatomie favorisait l'identification. Plus que jamais la présence du père (ou du beau-père, ou de tout autre personnage masculin important dans la vie de l'enfant et de la mère) est essentielle. S'il a autour de lui des modèles d'identification masculine, le garçon aura sans doute moins besoin de s'opposer à sa mère que s'il se retrouve seul face à elle. Encore faut-il que la mère l'encourage à se tourner vers ces modèles et ne cherche pas, même inconsciemment, à le maintenir dans une relation de dépendance qui empêcherait le garçon de se construire harmonieusement. Faute de savoir comment être lui-même, la manière la plus simple de se différencier de cette mère envahissante serait alors de s'appliquer à ne pas être comme elle, en se persuadant qu'elle est moins bien que lui.

Amour et rivalité

Est-ce parce qu'il commence à s'identifier à son père que le petit garçon rêve bientôt de prendre la place de celui-ci auprès de sa mère ? C'est comme ça que, vers 3 ans, il entre dans la période du fameux complexe d'Œdipe, qui va durer jusqu'à ses 6 ans environ. On la résume souvent en disant qu'il rêve alors d'épouser sa maman et d'évincer ce père qu'il considère comme un rival. Mais en réalité les choses sont plus complexes, et le garçon est en proie à des sentiments contradictoires.

Le jeu des identifications

Tour à tour il aime sa mère et la déteste, rejette son père puis l'adore... En fait, il explore toute la gamme des possibilités amoureuses qui lui sont proposées. Le principal enseignement du complexe d'Œdipe est l'interdit de l'inceste. Le garçon renonce à ses parents en tant qu'objets de désir et comprend qu'il est sexuellement immature. Et puisqu'il ne peut décidément pas être son père ni l'évincer, il va s'appliquer à être comme lui. Le père prend alors une place essentielle dans son existence et, aux yeux de son fils, il devient une sorte de héros qui donne envie de grandir. Évidemment il vaut mieux que le père ne soit pas (trop) macho, car le garçon ne va pas ménager ses efforts pour lui ressembler. Si, par exemple, papa n'en a que pour lui et lui consacre tout le temps dont il dispose, sans jamais en accorder à sa sœur, ou à contrecœur, le fils pensera que c'est parce que le sexe masculin est plus important que le sexe féminin.

D'autres modèles identificatoires

Les parents constituent le socle de l'identification, mais ils ne sont pas les seuls et c'est heureux, car plus l'enfant aura de modèles, plus il pourra puiser chez les uns et les autres différentes façons d'être et enrichir sa personnalité.

La puéricultrice de la crèche ou la nounou avec qui le petit garçon passe parfois plus de temps qu'avec ses parents constituent bien des modèles identificatoires, d'autant plus qu'elles sont désignées par la mère comme étant aimables, dignes de confiance et capables de bien s'occuper de lui. Ce que le garçon va vivre quotidiennement chez sa nounou peut donc avoir une influence sur son comportement. Si toute la journée elle lui cède tout, tandis qu'elle houspille les petites filles en répétant que ce sont des enquiquineuses, il ne faudra pas s'étonner si, à la maison, il se comporte en petit coq et gazouille que sa sœur est «neuneuse». De même s'il passe son temps chez une maîtresse femme qui rabroue son incapable de mari et fait la loi… Ces modèles ne sont pas anodins et peuvent laisser des traces susceptibles de creuser le sillon du machisme. Cela ne signifie pas qu'il faille sélectionner la nounou en lui faisant passer un test destiné à évaluer sa représentation des sexes et des rôles sexués ! En revanche, il faut être attentif et savoir remettre les pendules à l'heure dès que le charmant petit garçon se conduit comme un macho en herbe, exigeant de sa mère ou de sa sœur qu'elles soient à ses pieds.

Le jeu des identifications

Dès lors que le comportement de notre fils nous étonne, semble déraper, on se demande où il est allé piocher des attitudes ou des expressions pareilles. Avant de battre sa coulpe, mieux vaut chercher qui il imite. On trouvera le plus souvent le ou la «coupable» parmi les personnes à qui on le confie régulièrement. La tante Élodie, vieille fille revendiquée, qui adore son petit-neveu mais maudit les hommes en général? Nos (beaux-)parents qui ne cessent de maugréer contre toutes ces jeunes femmes qui travaillent?... Chez les uns comme chez les autres, le garçon va puiser des traits d'identification. Et parce qu'il a besoin de se sentir aimé, il s'efforce de se conformer à la norme qu'on lui propose. D'abord une norme familiale, puis une norme sociale, la seconde étant parfois moins progressiste que la première – à moins que ce ne soit l'inverse! C'est aux parents de redresser la barre si nécessaire, en interdisant les attitudes qui les choquent.

Une surreprésentation de modèles féminins?

C'est un constat: les professionnelles de la petite enfance sont majoritairement des femmes. Sage-femme, nounou, baby-sitter, institutrice, infirmière scolaire..., et quand nous voulons faire garder notre garçon,

Élever un garçon aujourd'hui

c'est le plus souvent notre (belle-)mère que nous sollicitons. Si notre (beau-)père s'occupe aussi de son petit-fils, c'est bien, mais c'est rarement à lui que nous demandons de nous dépanner.

Cette abondance de modèles féminins pose question : a-t-elle un impact sur la construction de l'identité de nos garçons? Non, dans la mesure où ils puisent aussi chez les femmes des traits d'identification masculine. À trop être confrontés à elles, ils peuvent cependant, non pas se sentir dévirilisés, mais affirmer leur identité sexuée avec force, pour mieux se démarquer de toutes ces «mamans» potentielles.

Voir des hommes qui s'investissent auprès des petits les aiderait à repérer plus tôt ce que les deux sexes ont en commun et leur donnerait sans doute une autre idée des rôles sexués. Pour l'instant, ils observent que ce sont les femmes qui s'occupent des enfants, et que plus ils grandissent, plus ils ont d'occasions d'être encadrés par des hommes. Ce qui peut imprimer dans leur esprit des associations par paires : les femmes et les enfants d'un côté, les hommes et les grands de l'autre. Être un homme, c'est grandir, être une femme, c'est rester petit.

Il est peut-être temps d'instaurer la parité et les quotas dans les instituts de formation, afin qu'il y ait autant de

Le jeu des identifications

puériculteurs et d'instituteurs que de puéricultrices et d'institutrices. La multiplicité des modèles d'identification masculine ne peut être que profitable et réduit les risques de machisme : en effet, si, parvenus à l'adolescence, certains adoptent des positions extrêmes et des attitudes caricaturales pour mieux s'imposer, c'est peut-être dû à une carence de modèles diversifiés.

On constate actuellement que la «pénurie» d'hommes dans la petite enfance conduit souvent chez le psy les garçons comme les filles. Certains prétendent qu'on lui demande de tenir le rôle du père défaillant. Il se pourrait qu'on lui demande plus simplement de servir de modèle masculin quand, autour du garçon, les hommes sont trop peu nombreux.

L'essentiel

▪ Le garçon s'identifie d'abord à sa mère, en tant que détentrice du pouvoir, avant de rechercher des modèles avec qui il partage un même sexe.

▪ En s'identifiant, l'enfant cherche à se conformer à une norme familiale et sociale, pour mieux se sentir accepté et aimé.

Élever un garçon aujourd'hui

▧ Chaque personne qui s'occupe de lui est susceptible d'avoir une influence, même partielle, sur son comportement.

▧ La rareté des modèles masculins dans la petite enfance peut le conduire, plus tard, à affirmer son identité de façon caricaturale.

Chapitre 3
Qui c'est le chef, à la maison ?

**L'enfant perçoit l'homme et la femme dans leur identité sexuée à travers leurs comportements conjugaux.
Les relations au sein du couple de ses parents lui offrent donc un modèle qui va jouer un rôle important dans la conception qu'il aura de ce que doivent être les rapports entre hommes et femmes.**

▪ Tous les modèles sont permis

Il n'y a pas un seul modèle de couple idéalement égalitaire ou égalitairement parfait. Ce n'est pas parce que les parents forment ce que l'on peut appeler un couple « traditionnel » ou « à l'ancienne », dans lequel la femme s'occupe des enfants et de la maison tandis que le père travaille à l'extérieur, qu'ils donnent à leur fils une

Élever un garçon aujourd'hui

vision archaïque des relations entre les sexes et risquent de le transformer en futur macho. De même, une femme dévouée à son mari n'est pas forcément une femme soumise. Elle peut éprouver du plaisir à satisfaire son homme, à le servir parfois, tout en étant par ailleurs une femme moderne qui sait prendre ses responsabilités, faire preuve d'autorité et se faire respecter. Du moment qu'elle ne se considère pas et n'est pas considérée par son compagnon comme son esclave, l'enfant n'en tirera aucune conclusion sur une quelconque soumission du sexe féminin au sexe masculin.

L'essentiel est que le garçon soit élevé par des parents qui s'aiment, qui s'entendent bien et qui n'ont pas d'idées rétro et archaïques sur les rôles de chacun. Dans un couple «idéal», père et mère sont satisfaits de la place qu'ils occupent, font ce qu'ils aiment et savent faire. Il y a entre eux un respect mutuel, de la complicité et un certain équilibre dans la répartition des tâches, même si chacun se cantonne aux activités réputées être celles de son sexe.

Il est important de respecter la liberté de chacun et d'accepter que des hommes et des femmes puissent se sentir parfaitement à l'aise et épanouis dans un modèle que d'autres considèrent comme archaïque.

Qui c'est le chef, à la maison?

■ Attention aux conflits

Quels que soient le couple et l'entente qui y règne, la vie n'est jamais exempte de conflits qui peuvent constituer des moments à risques et favoriser chez le garçon des idées empreintes de machisme. Il n'est sans doute pas nécessaire de rappeler ici que, dans tous les cas, les enfants, filles ou garçons, doivent être tenus à l'écart de nos querelles d'adultes, même si elles tournent autour d'eux et de leur éducation. Mais on a beau faire attention, les murs ont souvent des oreilles et les bambins n'ont pas leur pareil pour écouter ce qu'ils ne devraient pas entendre.

L'ennui avec la dispute, c'est qu'il suffit d'un rien pour qu'elle dégénère. Et il arrive ainsi que, dans le feu de la colère, nous nous emportions. Le ton monte et sans plus de discernement nous nous attaquons à l'autre en tant que représentant de son sexe. Le «Tu exagères, tu as oublié de payer la facture d'électricité!» (ou d'acheter du beurre, d'appeler ta mère, de décommander le rendez-vous chez le dentiste..., au choix!), devient alors: «C'est toujours pareil, vous, les (bonnes) femmes, vous oubliez tout...» Du particulier on passe au général, et du singulier au pluriel; le reproche n'est plus à la femme ou à la compagne, mais vise le sexe féminin dans son ensemble.

Élever un garçon aujourd'hui

Ce genre de remarque ne prête pas trop à conséquence si elle est proférée une fois, par hasard, et qu'on s'en excuse après. Mais si les propos de ce type se répètent, le petit garçon qui en est témoin peut les intégrer comme une vérité définitive sur les femmes en général.
Le divorce est hélas une occasion propice à ces généralités peu flatteuses, voire franchement sexistes, qui sont susceptibles de laisser des traces dans son esprit. Un ex-mari malheureux se met souvent à en vouloir à l'autre sexe dans son ensemble. Ce n'est plus sa femme qui l'a quitté, ce sont toutes les femmes qui sont inconstantes. Si le petit garçon est en empathie avec son père, il vit l'attitude de sa mère comme déloyale et méchante avec tous les représentants du sexe masculin dont il se sent faire partie. Mais ce n'est pas en tant que mère qu'il la voit alors, c'est en tant que femme qu'il la juge. Et pour défendre son père bafoué ou rejeté, et venger les hommes maltraités, il va adopter un comportement de petit mec désireux d'en faire baver aux femmes.
Les généralités ne sont pourtant pas l'apanage des hommes. Et une femme quittée peut parfaitement se laisser aller à traiter les hommes de lâches, d'infidèles... Atteint dans son identité masculine, le petit garçon peut alors chercher à l'affirmer de façon un peu outrancière. À moins qu'il ne se replie sur lui-

Qui c'est le chef, à la maison?

même, comme s'il tentait d'annuler son sexe, pour ne pas déplaire à sa mère.

Nos attitudes sont au moins aussi importantes que nos mots. Imaginons que, après la séparation, le père, qui par ailleurs s'est toujours bien comporté avec sa femme, se mette à collectionner les conquêtes féminines, les présentant à son fils comme autant de «trophées». Celui-ci peut en conclure que les femmes sont des objets à conquérir et dont on se débarrasse dès qu'on n'en a plus envie. Une pareille attitude de «collectionnite» chez la mère peut provoquer les mêmes dégâts, encourageant le fils à se défendre de la «croqueuse d'hommes» qui menace de le dévorer en s'appliquant à se conduire comme un homme, un vrai, qui attaque et impose pour repousser la menace qui plane sur lui et ne pas se laisser manipuler.

▩ Les petits maris

Lorsqu'il sent ses parents malheureux, l'enfant a envie de les protéger, de les soutenir, comme s'il se sentait en partie responsable de ce qui arrive. Il se tourne d'emblée vers celui qu'il perçoit comme le plus fragile et fait tout son possible pour alléger sa peine. Certains prennent ce rôle tellement au sérieux qu'ils risquent de devenir peu à peu le parent ou le partenaire de leur parent. Cette parentalisation exige de mettre en sourdine quelques aspects d'une personnalité en développement qui reprendra ses droits en se manifestant de façon brusque. Malgré lui, le petit garçon aura tendance à se montrer très agressif avec une mère qui l'étouffe sans en avoir conscience.

La culpabilité induite par le divorce conduit les parents à vouloir compenser auprès de leurs enfants. Parce qu'on sait qu'ils souffrent de la séparation et qu'on se sent responsable de cette souffrance, on cherche à l'alléger comme on peut. Sous prétexte de ne pas rajouter à leur peine, on hésite à faire preuve d'autorité. D'autant que la tentation est grande de fusionner avec son enfant, pour se réconforter, comme si l'on reportait sur lui l'amour que l'on ne donne plus à son compagnon. Dans le cas où la mère se retrouve seule avec son fils – qu'elle en ait la garde ou qu'elle ait opté pour la garde alternée – elle peut se replier sur lui, en faire le centre de son existence. Elle fait tout pour lui et avec lui, lui raconte sa vie, lui demande son avis sur tout. Il n'est plus tout à fait un enfant, mais un confident, un allié, un soutien sans qui la vie n'a plus de sens. Le bambin, lui, s'engouffre dans la brèche qui lui est offerte. Au risque de devenir un vrai

Qui c'est le chef, à la maison?

petit tyran domestique, un peu jaloux, très autoritaire. Il décide des menus du soir, des sorties du week-end, exige d'avoir sa mère pour lui tout seul. Dès qu'elle a la moindre velléité de sortir sans lui, il tape du pied, proteste, pleure pour mieux l'attendrir. Si elle obtempère, renonce à ses activités afin de ne pas le blesser, le petit garçon va en conclure, à juste titre, qu'il exerce un ascendant sur elle et entrer dans un rapport d'autorité où il cherche absolument à tenir le rôle de dominant. C'est pourquoi il est essentiel de ne pas être à la disposition de son «petit homme» – l'expression dit bien l'ambiguïté de la relation –, de ne pas lui laisser penser qu'il peut réglementer et régimenter notre vie privée. Une mère aimante n'est pas une mère soumise aux désirs de son fils, à plus forte raison quand les désirs de ce dernier visent à l'empêcher de mener sa vie à elle. Il est important de noter que l'on observe ce même genre de situation avec des couples non séparés, mais dans lesquels le père semble avoir renoncé à son rôle éducatif.

Maman superwoman

Autrefois on entendait dire: «Dans ce couple, c'est madame qui porte la culotte.» Mode unisexe aidant,

Élever un garçon aujourd'hui

l'expression n'a plus cours, mais il n'en reste pas moins vrai que, dans certains couples, le chef est une cheftaine. À la maison, c'est elle qui ordonne, impose, prend toutes les grandes décisions. Le mari peut parfaitement s'accommoder de la situation, mais le petit garçon voit bien, lui, qu'entre hommes et femmes il n'y a pas de discussion, et que c'est la femme qui dirige. Or, il semble évident qu'un excès de pouvoir maternel peut provoquer autant de dégâts qu'un machisme ordinaire chez le père. Pour se protéger de cette mère trop dominante, ne pas être englouti par elle, le garçon va, au mieux, se tenir à distance, au pire, entrer dans un rapport de force afin de reprendre un peu de ce pouvoir qu'elle exerce sans partage. Il peut aussi s'identifier à cette puissance maternelle, la reprendre à son compte et en faire une qualité de son sexe. Mais certaines femmes font parfois preuve d'un machisme assez surprenant et au moins aussi redoutable que celui des hommes. Battantes, actives, ambitieuses, elles se reconnaissent dans les archétypes traditionnellement dévolus aux hommes et ont peu de considération, quand elles n'ont pas un franc mépris pour les qualités dites «féminines» et les femmes en général, qu'elles jugent à coups de stéréotypes. Le petit garçon risque d'adhérer à ce machisme maternel.

Qui c'est le chef, à la maison?

▪ Le rôle du père

Comme s'il pressentait en lui un rival sérieux, ou, plus positivement, pour l'aider à devenir un homme, comme lui, le père a davantage tendance à décoller le garçon de sa mère qui, elle, l'encourage moins à l'autonomie qu'elle ne le fait avec sa fille. C'est là l'un des aspects essentiels du rôle du père: en cassant la fusion, il défend le garçon d'une possible dévoration maternelle, le protège d'un amour étouffant qui peut être le terreau du machisme.

L'autre rôle, jusque-là qualifié de maternel ou de maternant, beaucoup de papas d'aujourd'hui sont prêts à le tenir. Ils sont désireux de s'investir auprès de leurs enfants, de prendre soin d'eux, les changer, les dorloter, les faire jouer. Encore faut-il que, de leur côté, les mères soient prêtes à leur laisser la place, à déléguer un peu de ce pouvoir et de ces compétences qu'elles détiennent depuis la nuit des temps. Mais ce ne doit pas être une place secondaire car, malgré ce que certains ont pu affirmer ici et là, en matière d'éducation, la qualité ne doit pas empêcher la quantité, notamment la quantité de temps consacré à l'enfant et partagé avec lui. Dès lors qu'une mère tente d'annuler le père, de l'invalider, de le dévaloriser, le petit garçon est atteint dans son identité sexuée. De là à ce qu'il soit tenté de restaurer la dignité paternelle, donc masculine, en «écrasant» la femme, il n'y a qu'un pas qui conduit au machisme. Non seulement la présence paternelle ne déposséde pas les femmes de leur pouvoir, mais elle a en plus le mérite de rassurer les fils sur leur virilité : un petit garçon intègre d'autant mieux une qualité dite «masculine» qu'elle est représentée par des hommes autour de lui (à défaut de père, un beau-père, un oncle, un parrain, un ami proche…). Avec lui, ils ne doivent pas s'interdire la tendresse et les câlins, sous prétexte qu'ils ont eux-mêmes eu un père distant et froid. Plus le petit garçon aura reçu de tendresse paternelle, plus il sera capable d'exprimer la sienne, sans crainte de passer pour une fille. À condition, bien sûr, que le père ne réserve pas ses démonstrations d'affection à son fils et ne cherche pas à lui montrer qu'il est plus compétent que la mère, ce qui serait une façon de lui suggérer que ce qui vient des hommes est «meilleur».

Avoir des parents homosexuels

Les situations des couples homosexuels sont très diverses. Après un divorce, le petit garçon peut voir son

Qui c'est le chef, à la maison?

père s'installer avec un autre homme ou sa mère avec une autre femme. Il peut aussi être né par insémination, ou d'un père de passage et ne connaître que deux parents du même sexe. Cette situation ne prédispose pas plus au machisme que dans le cas où le garçon est élevé par une mère seule. Car ce n'est pas spécifiquement l'absence de père qui crée le machisme, mais plus sûrement le discours de ceux ou celles qui élèvent l'enfant. En revanche, dans les couples homosexuels comme dans les couples hétérosexuels, nul n'est à l'abri d'opinions machistes. Dans tous les cas, il convient de ne jamais annuler le masculin pour que le garçon ne se sente pas dévalorisé. S'il est né par insémination, il faut donc lui expliquer qu'il est aussi né d'un homme et, si l'un des parents recompose un couple homosexuel, il n'est sans doute pas inutile de lui dire que cette décision n'a rien à voir avec un rejet de l'autre sexe.

En règle générale, les parents de même sexe sont aussi conformistes que les autres dans leur croyance en ce que sont le masculin et le féminin, et eux aussi adoptent des comportements différents selon qu'ils ont une fille ou un garçon. Cependant, celui-ci, très tôt sensibilisé à la question de la différence, apparaît souvent comme plus tolérant et plus porté au respect de l'autre, y compris dans son identité sexuelle.

L'essentiel

■ Les relations entre les parents sont fondamentales car elles offrent au garçon un modèle des rapports entre hommes et femmes.

■ Les conflits conjugaux, le divorce sont souvent à l'origine de reproches et de jugements sexistes qui peuvent alimenter des réactions de machisme chez le garçon.

■ Davantage encore que les pères, ce sont les mères qui font les machos : par amour exclusif ou par excès de pouvoir.

■ La présence du père (ou d'un tiers) protège l'enfant d'une trop grande emprise maternelle et l'aide à s'affirmer en tant que garçon. C'est pourquoi la mère doit accepter de lui laisser prendre une vraie place auprès de son fils.

Chapitre 4
Quand les filles deviennent des étrangères...

C'est aux alentours de 6 ans et de l'entrée à la «grande école» que commence la période dite de «latence». Latence des pulsions sexuelles qui entraîne une mise à distance de l'autre sexe.

■ Qui se ressemble s'assemble

Une fois qu'ils ont pris conscience de leur identité sexuée, tout se passe comme si les enfants cherchaient à l'affirmer et à la confirmer en s'associant de préférence avec ceux de leur sexe. Ce regroupement sexué permet de se construire et, à priori, il n'y a là aucune forme de machisme. Simplement les pulsions sexuelles

Élever un garçon aujourd'hui

sont remisées et toute l'énergie qu'elles absorbaient est désormais mise au service des apprentissages, intellectuel, artistique et physique. Cela impose une prise de distance par rapport au sexe opposé, qui reste, peu ou prou, objet de désirs, savamment refoulés et sublimés. Cette distance se manifeste notamment dans les cours de récréation du primaire où, le plus souvent, les garçons jouent entre eux, laissant les filles entre elles. Les garçons d'un côté, les filles de l'autre : ce serait comme deux pays voisins qui, dans un souci protectionniste, n'ont pas d'échanges commerciaux, sans être en guerre pour autant. N'en déplaise aux partisans d'un retour en arrière, c'est sans doute en grande partie grâce à la mixité que les relations entre les deux sexes sont moins clivées que par le passé, et les propos des garçons à l'égard des filles nettement moins virulents qu'ils l'étaient autrefois. Les uns et les autres partagent désormais un certain nombre d'activités. Et la plupart des garçons s'abstiennent de tout commentaire sur les filles. Tout au plus constatent-ils que, souvent, ils ont besoin de se retrouver entre eux, sans elles. Certains ne peuvent néanmoins pas s'empêcher de proférer quelques généralités sexistes, du type «Les filles, c'est nul», comme s'il leur fallait justifier leur prise de distance. Les causes de cette virulence verbale

Quand les filles deviennent des étrangères...

sont diverses : soit le petit garçon, malgré la phase de latence, est encore en proie à des pulsions qu'il parvient mal à canaliser, qui le débordent, et s'en défend alors en attaquant l'autre sexe ; soit il se sent un peu fragile dans son identité masculine et cherche à l'affirmer de façon maladroite et outrée ; soit encore il se fait l'écho d'opinions entendues, imite des attitudes observées chez d'autres. C'est donc le moment de s'interroger pour comprendre pourquoi il adopte un pareil comportement en essayant d'y apporter les réponses appropriées.

Des petits garçons très stéréotypés

Globalement, garçons et filles ont davantage de points communs que de différences. Cependant, les garçons de cet âge sont assez conformes aux stéréotypes que l'on prête à leur sexe et se complaisent volontiers dans l'action, quand les filles sont plus calmes et plus réfléchies. Aux détracteurs de la mixité, il faut ici rappeler que les filles ont une influence pacificatrice sur les garçons, alors que, s'ils restent entre eux, il y a émulation de l'agressivité. La scolarité en primaire semble aujourd'hui plus adaptée au tempérament dit «féminin» et ce sont d'ailleurs

Élever un garçon aujourd'hui

les filles qui y réussissent le mieux. De ce fait, les garçons peuvent considérer le caractère studieux comme une valeur spécifiquement féminine. Certains vont chercher à les égaler, voire à les surpasser, d'autres risquent de se replier un peu sur eux-mêmes, et d'autres enfin vont chercher à se faire remarquer par d'autres moyens, adoptant une position de prestance et de domination qui n'est pas sans évoquer le machisme.

Il est évident que les journées de huit heures, passées assis derrière un bureau sans bouger, vont à l'encontre des capacités corporelles des garçons de cet âge, qui ont besoin de décharger leur agressivité. Les heures consacrées au sport étant encore trop peu nombreuses, il leur reste la récré pour se défouler. S'il leur arrive de jouer avec des filles, ils ne se soucient pas que ces jeux ne soient pas forcément de leur sexe. Mais dès qu'ils se retrouvent entre eux, la «nature» reprend ses droits et, en bons petits garçons, ils jouent essentiellement à la bagarre. Ils se poursuivent, s'attaquent. Toujours en mouvement, ils tapent dans le ballon, tirent au pistolet, inventent des guerres, miment des assauts d'hélicoptère à grand renfort d'effets sonores...

S'ils consentent à se poser parfois, c'est pour mieux se passionner pour des jeux de cartes, divers et variés – Yu-Gi-Oh®, Pokémon®, Magic cards®... –, selon la

Quand les filles deviennent des étrangères...

mode de la saison, qui tous ont en commun d'être centrés sur des histoires de combat et de stratégie, menées par des personnages imaginaires investis de pouvoir de guerriers, dont la principale activité est de s'attaquer et de se défendre. Nos garçons sont-ils donc irrécupérables? Non. Ces jeux leur sont nécessaires: ils mettent en scène leur capacité sexuelle, leur saine ambition, leur désir de responsabilités et de puissance et expriment tout en les réglementant des pulsions qui, si elles sont latentes, n'ont pas totalement disparu de leur inconscient.

La loi du plus fort

La tendance naturelle de l'enfant est d'imiter celui qui, à ses yeux, détient le pouvoir. Tout petit, il imite indifféremment des hommes ou des femmes, mais plus il grandit, et notamment à partir de 5-6 ans, plus il imite ceux de son sexe, y compris ceux de son âge, dès lors qu'ils lui semblent puissants. C'est pourquoi il peut prendre modèle sur le leader de la classe, le petit caïd, celui qui impose, commande, terrorise à l'occasion. Par désir d'être comme lui, de s'approprier un peu de ce pouvoir qui le fascine et dont il se sent dépourvu, mais aussi peut-être par peur des représailles, il va suivre les ordres du petit chef et, à défaut de réussir à imiter son attitude, répétera ses propos. SI le caïd en question est un macho en puissance, se croit malin en se moquant des filles et en les traitant de divers noms d'oiseaux, il peut arriver que l'on surprenne notre petit trésor en train de proférer des grossièretés sidérantes, qui ne sont pas sans évoquer celles dont les adolescents sont si friands. C'est alors le moment de mettre les choses au point: il a le droit d'aimer son copain et d'avoir envie de lui ressembler, mais il n'est pas obligé de l'imiter en tout point.

Quand ils attaquent les filles

Lorsqu'il a commencé à prendre conscience de la différence des sexes, vers 3 ans, le petit garçon a divisé le monde en deux catégories: les «pareil(le)s» et les «pas pareil(le)s». Au fur et à mesure qu'il grandit, sa perception des différences s'aiguise, s'affine, mais tout ce qui est différent de soi continue à être vécu comme étranger, intrigant et dérangeant à la fois.
Ainsi les filles font-elles un peu figures d'étrangères. Et si les garçons s'en tiennent à l'écart, ce n'est pas parce qu'elles ne les intéressent pas, bien au contraire. Les deux camps s'observent, se jaugent, comme s'ils pres-

Quand les filles deviennent des étrangères...

sentaient bien qu'ils auront des choses à faire ensemble, mais plus tard. Entre eux, la distance est physique, mais il arrive que des garçons l'abolissent en menant des attaques en règle contre les filles. Ils leur courent après, elles s'échappent, ils les rattrapent, les tirent par les vêtements ou par les cheveux... La poursuite se termine parfois dans un corps à corps. Ces assauts ne sont rien d'autre qu'une recherche de contact physique, souvent maladroite, expression d'un déplacement agressif des pulsions sexuelles. Il n'y a pas lieu de s'en inquiéter, tant que ces jeux sont dépourvus de violence. On peut même profiter de l'occasion pour lui dire qu'il a tout à fait le droit de courir après les filles, mais qu'il est interdit de leur faire mal, comme aux garçons d'ailleurs.

Amitiés passionnées, amours platoniques

La latence, c'est encore l'âge des amitiés entre garçons (ou entre filles). Des amitiés pures qui réunissent et font découvrir des notions comme la loyauté, la jalousie, la solidarité, la complicité, l'attente, le manque, le sentiment de n'être complet qu'avec l'autre... Des valeurs qui sont aussi celles de l'amour. Sauf que l'amour, à cette période de mise à distance du sexe opposé, n'est

Élever un garçon aujourd'hui

pas évident. Dans la cour de récréation, les copains se chargent de ridiculiser les petits couples: «Bouh, les amoureux!», comme s'ils ne supportaient pas de voir l'un d'entre eux enfreindre une règle tacite. Alors, même si le garçon ressent un sentiment fort pour une fille, il a tendance à le taire, ou à le nier, gêné à l'idée que ce sentiment révèle un désir qu'il tend à cacher. À cet âge déjà, les garçons sont souvent moins à l'aise dans l'expression de leurs émotions, peut-être parce qu'ils ont davantage besoin de refouler leurs pulsions.

Ils sont pourtant soumis à une forte pression des adultes qui les pousseraient presque à former un petit couple. «Tu as une amoureuse? Qui est-ce?», demandent souvent les mères à leur fils. Est-ce là un moyen de se rassurer sur le fait que ce fils puisse être plus tard un mari et leur donner des petits-enfants? Est-ce par crainte d'une homosexualité possible de leur garçon qu'elles l'encouragent à s'affirmer en tant que petit homme? Ou est-ce parce qu'elles sentent confusément qu'elles n'ont rien à craindre de cette fiancée qui, pour l'instant, ne risque pas de leur enlever leur fils? Cette pression peut générer un malaise, donner l'impression que pour être un garçon digne de ce nom il faut à tout prix séduire les filles. Il faut au contraire valoriser l'amitié qui permet des relations d'égal à égale, sans jeux de séduction.

Quand les filles deviennent des étrangères...

■ Avec les frères et sœurs

Le petit garçon en phase de latence a bien compris qu'il ne pourra jamais se marier avec sa mère et, parce qu'il a aussi intégré la pudeur, il respecte son corps sexué. Avec elle, il vit une période de grande tendresse, d'amour à l'état pur et il est encore avide de câlins qui le rassurent. Beaucoup plus rarement, il arrive que le garçon se détourne de sa mère de façon un peu brutale, comme s'il lui faisait la tête, réservant sa tendresse et son admiration pour son père. Ce n'est pas le macho en lui qui s'exprime ainsi, mais le petit amoureux dépité par une histoire impossible et qui préfère renoncer à l'objet de son amour de façon violente pour tenter de rendre la souffrance et la déception plus supportables. Si, durant la période de latence, les relations avec les parents sont au beau fixe, celles au sein de la fratrie sont parfois à l'origine d'attitudes particulières. La place du garçon au sein de cette fratrie peut jouer un rôle important sur son comportement. Imaginons le petit dernier après deux ou trois filles. À sa naissance, il a été accepté d'autant mieux que la différence des sexes le mettait moins en position de rival. Depuis, il est choyé, gâté, dorloté par toutes ces «femmes» qui en font un petit roi. Il est l'objet de tous leurs soins et, dès qu'il réclame

Élever un garçon aujourd'hui

quelque chose, l'une d'elles se charge de le satisfaire et de le servir. Avec ce gynécée attentionné, le garçon prend vite de mauvaises habitudes et, s'il ne devient pas macho, il risque néanmoins d'avoir quelques difficultés à comprendre que toutes les femmes ne soient pas à sa disposition. C'est aux parents de rétablir l'équilibre en n'exigeant pas de leurs filles qu'elles soient absolument gentilles et s'occupent sans cesse de leur petit frère.

À l'inverse, si notre fils est l'aîné devant une (ou plusieurs) petite(s) sœur(s), on a alors tout intérêt à ne pas trop le responsabiliser à grand renfort de «Toi, tu es grand, tu es sage, elle, elle est encore petite»: sans le vouloir, on lui suggère là une certaine caricature, à savoir qu'un garçon c'est sérieux, responsable et protecteur, tandis qu'une fille c'est fragile, voire écervelée, et qu'elle a toujours besoin d'assistance. La responsabilité dont on lui demande de faire preuve peut lui donner le sentiment qu'il a des droits sur sa sœur, notamment celui d'exercer son autorité sur elle. Idée «dangereuse» dans la mesure où, plus tard, le garçon pourra rechercher une relation de couple qui soit à l'image de sa relation fraternelle. C'est le moment de se rappeler (et de lui rappeler) que l'autorité, ce sont les parents qui la détiennent et l'exercent. Et quand on les laisse seuls, ce n'est pas à lui de protéger sa sœur ou de

Quand les filles deviennent des étrangères...

lui donner des ordres; chacun doit veiller sur l'autre. Enfin, lorsqu'il y a plusieurs garçons dans la fratrie, il n'est pas rare que le plus jeune prenne l'un des aînés pour modèle et lui voue une admiration éperdue. Pour peu que cet aîné soit en pleine adolescence, dans une phase de machisme que l'on espère transitoire, cela peut avoir des répercussions sur le benjamin, d'autant que le grand en rajoutera sans doute pour mieux impressionner le petit qui l'écoute bouche bée. Aux parents de remettre chacun à sa place: l'ado est prié de ne pas faire son show devant le plus jeune qui, lui, ne doit pas imiter aveuglément son héroïque grand frère.

Un peu d'éducation civique?

Puisque la période est favorable aux apprentissages de tous ordres, pourquoi ne pas en profiter? Surtout que les enfants en période de latence ont une capacité de mémorisation étonnante et sont particulièrement sensibles aux idées de justice, d'égalité, de fraternité. Ne pourrait-on pas imaginer des cours d'instruction civique qui feraient la part belle à la parité? À partir de ce qui se passe entre garçons et filles au sein de la classe ou de l'école, les enseignants auraient matière à balayer les idées reçues sur la différence des sexes et la répartition des rôles sexués. Il s'agirait de valoriser les relations prosociales et le respect mutuel entre personnes de sexe différent. Cela serait sans doute préférable à une approche historique de la rivalité entre hommes et femmes. Car, à trop présenter l'homme comme un persécuteur, on donnerait à croire qu'il y a bien guerre entre les sexes et nos garçons pourraient se sentir responsables de ce qu'ont fait leurs aînés, ce qui n'empêcherait pas une relation un peu paradoxale d'identification à eux, comme pour les défendre a posteriori. Ces cours d'éducation civique n'étant pas encore prévus dans le programme des réformes, on ne saurait que trop recommander aux parents d'aborder ce sujet avec leurs enfants et de faire passer leur message égalitaire. Durant cette phase de latence, ils ont encore la chance d'être écoutés... et crus! Il faut saisir l'occasion, car cela ne durera pas.

L'essentiel

■ Se regrouper entre garçons permet de consolider son identité sexuée. Mais la mixité fait que garçons et filles se mélangent plus volontiers que par le passé.

Quand les filles deviennent des étrangères...

■ Dans la phase de latence, entre garçons et filles, il y a plus d'indifférence que de mépris.

■ Les jeux guerriers sont une façon d'exprimer les capacités sexuelles de leur sexe masculin et de se détacher de la mère. C'est pourquoi les garçons en début de phase de latence rêvent souvent de devenir soldats ou pompiers, des métiers qu'ils perçoivent comme étrangers au monde maternel.

■ Plus l'enfant grandit, plus l'identification se fait aussi latéralement, avec des enfants de son âge.

Chapitre 5
« Toutes des pétasses ! »

Période de transformations physiques et psychologiques sans précédent, l'adolescence est aussi une période de remaniements identitaires. L'identité sexuée, mise en place à l'âge de 3 ans, est confirmée. Le garçon devient un homme.

■ Un corps d'homme

La puberté, c'est d'abord une transformation physique inouïe et accélérée. Il faut remonter aux deux premières années de la vie pour trouver pareille métamorphose sur un laps de temps si court.

Chez la fille, elle commence aux alentours de la onzième année, chez le garçon vers 13 ans. La première atteindra la maturité sexuelle vers 13 ans, le second devra attendre 15 ans. Sans doute ce décalage permet-il d'éviter des rencontres précoces, mais dans

Élever un garçon aujourd'hui

le même temps, il souligne la différence entre les deux sexes. Et ces deux ans de «retard» font trop souvent dire que les garçons sont plus bêtes que les filles, ce qui, dans une période d'incertitude et de grande vulnérabilité, peut blesser plus qu'on ne l'imagine et nourrir chez les tout jeunes adolescents une rancœur à l'égard de ces filles qui les écrasent.

Leur métamorphose est spectaculaire: le garçon grandit d'un seul coup, ses épaules s'élargissent, la pilosité devient abondante, la pomme d'Adam apparaît, sa voix mue et ses organes sexuels se développent. Ces bouleversements physiques ne sont pas sans procurer de la satisfaction, mais ils induisent aussi un doute quant à l'image de soi. Il va falloir du temps pour s'approprier ce corps qui se transforme à leur insu, et qui fait que le regard des autres sur soi change imperceptiblement. On n'est plus petit garçon, mais jeune homme, avec tout ce que cela suppose de désirs et de possibilités de sexualité agie. Les caractères sexuels secondaires viennent souligner l'appartenance à un sexe et dessinent de nouvelles frontières: entre l'enfant et l'adulte, entre les garçons et les filles. Est-ce parce que cette frontière les dérange que, durant un temps, les adolescents ont tendance à opter pour une mode unisexe qui gomme des différences soudain trop visibles et

« **Toutes des pétasses !** »

dérangeantes ? Pour cacher leur corps dont ils ne savent que faire, les garçons optent pour le XXXL. Ne serait-ce pas aussi parce qu'ils se rêvent encore plus grands qu'ils ne le sont ?

Tempête hormonale

Chez le garçon, la production de testostérone entraîne une agressivité nouvelle et qu'il ne maîtrise pas. Le tremblement de terre est physique et émotionnel. Il se sent débordé par l'ampleur de ce qu'il ressent. « Ça » explose partout à l'intérieur de lui, ça ne se contrôle pas, ça se déchaîne… « Ça », c'est de l'excitation à l'état brut qu'il ne parvient pas à canaliser et qui transparaît presque malgré lui dans ses comportements. Plus que jamais, pour s'exprimer, l'adolescent a recours à l'agir.

Son intérêt pour les filles, mis en veilleuse durant la période de latence, reprend de la vigueur et de l'intensité. Le jeune adolescent de 12-13 ans est en proie à ses pulsions qui se réveillent d'un seul coup, mais il n'a pas encore les moyens de les élaborer intellectuellement. Le désir précède chez lui la mentalisation de la rencontre. Aussi l'expression de son désir est-elle toujours brute, voire abrupte, pleine de maladresse. Parce

Élever un garçon aujourd'hui

que les filles l'attirent, il les aborde, mais maladroitement, les titille, les pince, les pousse, les chahute, leur dit des grossièretés. Les affrontements entre les deux sexes réapparaissent, même si l'on préfère rester entre garçons ou entre filles, plutôt que d'être seul pour affronter l'autre. Parce que le regard des pairs aide à se reconnaître dans son nouveau corps et rassure sur la question essentielle de la «normalité», le groupe prend de plus en plus d'importance. Entre garçons, on peut raconter des exploits physiques imaginaires qui préfigurent la conquête amoureuse et provoquent l'admiration.

Mais les rapports au sein du groupe ne sont pas dénués d'agressivité et les attaques, physiques et aussi verbales, sont nombreuses. Elles portent sur l'apparence et sur l'identité, et traduisent toutes un doute, une interrogation sur soi-même: si l'on attaque l'autre, c'est pour voir comment il réagit et chercher ainsi comment on pourrait réagir dans la même situation. Certains garçons particulièrement agressifs avec leurs copains expriment peut-être leur peur d'être homosexuels; ils se défendent d'une possible attirance pour quelqu'un du même sexe – fréquente à cet âge, surtout vis-à-vis du meilleur ami –, ou repoussent la menace d'être pris comme un objet sexuel par un autre homme.

« Toutes des pétasses ! »

■ Un machisme transitoire

L'adolescence est l'âge des questions existentielles. Autour de la question centrale : « Qui suis-je ? », d'autres interrogations naissent. Tout ce que le garçon croyait et pensait est remis en question et sujet à discussions et débats. Il n'a pas seulement un nouveau corps, il a aussi de nouvelles idées, de nouvelles façons de penser, de nouveaux désirs et de nouveaux sentiments.

Par certains aspects, l'adolescence ressemble à une nouvelle phase d'opposition. L'ado attaque les règles qu'il avait intégrées jusque-là, comme pour vérifier la permanence de leur validité avant de les faire siennes et de se les réapproprier. Il ne faut donc pas s'étonner si un garçon élevé dans le respect des femmes se met à proférer à leur encontre certaines généralités peu flatteuses et à se comporter avec elles comme un macho de base, autrement appelé « beauf ».

Si toutes les femmes en prennent pour leur grade, c'est pourtant la mère la première visée. Le garçon tente une nouvelle fois de s'en détacher et d'instaurer entre eux une distance de protection. Les pulsions sexuelles qui l'agitent rendent cette distance indispensable. La puberté réactive en effet les conflits œdipiens et les désirs incestueux, mais à la différence de ce qui s'est

Élever un garçon aujourd'hui

passé dans la petite enfance, il y a désormais possibilité physique de sexualité agie. En termes de pouvoir sexuel, il est désormais l'égal de ses parents, peut chercher à les surpasser. En tout cas, il peut lui aussi donner la vie, ce qui change la donne. Le garçon vit dans la crainte d'outrepasser les limites et les interdits. Pour se protéger d'un désir impossible, il se montre volontiers dur, insolent, voire insultant avec sa mère. Lors de la phase d'opposition, son agressivité lui servait à s'affirmer en tant que garçon. À l'adolescence, elle lui permet de s'affirmer en tant qu'homme. Il doit prouver aux autres et surtout à lui-même qu'il n'est plus dépendant d'elle. Cette mise à distance s'accompagne dans certains cas d'une tentative de prise de pouvoir sur la mère : parce qu'il lui doit la vie et à ce titre la respecte plus que tout, l'adolescent se jugeant «moins bien» ne parvient à s'affirmer qu'en la dominant. Il risque alors de reproduire cette attitude avec toutes les femmes, ne concevant les relations entre sexes qu'en termes de pouvoir de l'un sur l'autre. L'attitude de la mère est déterminante. Bien sûr, elle ne doit pas tolérer les insultes et continuera à poser les limites nécessaires – aidée en cela par le père –, mais il est essentiel qu'elle respecte la distance imposée par son fils : qu'elle ne lui réclame pas de câlins, qu'elle ne le touche pas, qu'elle

« Toutes des pétasses ! »

ne se promène pas nue devant lui... Car plus il se sentira attiré par elle, plus il imaginera qu'elle cherche à le séduire, plus l'adolescent tentera de s'en protéger, parfois avec violence. Pour la même raison, l'adolescence peut être une période de relations houleuses entre frère et sœur proches en âge. Le garçon se met soudain à ne plus la supporter, elle l'exaspère, il se fiche d'elle en permanence... Parce qu'il doit se protéger d'elle aussi et d'une possible attraction. Ce n'est pas le moment de faire du «forcing fraternel», de les encourager à être tout le temps ensemble ; au contraire, il faut favoriser les activités séparées, aménager l'espace et le temps afin de mettre de l'étanchéité entre le frère et la sœur, et de respecter la pudeur de chacun. Les choses s'arrangeront d'elles-mêmes dès que l'adolescent aura son premier coup de cœur... En attendant, si l'atmosphère familiale devient vraiment trop houleuse, on peut envisager une mise à l'internat qui permet une véritable prise de distance physique et psychique.

▨ Macho contre lolita

On s'intéresse beaucoup à celles qu'on appelle les «lolitas», ces toutes jeunes adolescentes en quête

Élever un garçon aujourd'hui

d'une identité féminine, qui donnent à voir une sexualité qu'elles n'ont pas encore. Elles s'exhibent dans des tenues provocantes, adoptent des attitudes caricaturales pour tester leur pouvoir de séduction, mais sans désir de passage à l'acte. Il serait bien sexiste de refuser aux garçons du même âge de se comporter comme des caricatures de mecs, maladroits, balourds, peu portés à l'expression de leurs sentiments et volontiers misogynes. À l'affirmation féminine outrancière des lolitas répond l'affirmation virile outrancière des petits machos, que l'on peut comparer à une réaction nationaliste, pour ne pas se laisser envahir par l'autre.

Si les garçons se glissent si aisément dans les stéréotypes les plus archaïques, c'est sans doute parce qu'ils n'ont pas d'idées très claires sur ce qu'est le masculin. Peut-être n'a-t-on pas cessé, dans leur enfance, de dévaloriser devant eux les hommes. Peut-être n'ont-ils pas eu suffisamment de modèles masculins. Ne sachant pas trop ce que c'est qu'être un homme, ils font le macho, faute de mieux, parce que cela a au moins le mérite d'être une identité nette, et qui ne prête pas à confusion. Pour ceux chez qui les caractères sexuels secondaires sont encore peu marqués, c'est une façon d'affirmer une identité qui ne se voit pas encore suffisamment. À moins que le préado macho ne soit un

«Toutes des pétasses!»

grand émotif, qui a tendance à rougir et à bafouiller dès que quelque chose – et à plus forte raison quelqu'un(e) – l'intéresse ou le touche. C'est pour ne pas laisser transparaître cette émotivité qu'il trouve féminine, qu'il en rajoute dans une pseudo-virilité exacerbée.

En proie à des pulsions verbales

Les adolescents parlent souvent comme des charretiers, recourant à un vocabulaire aussi vulgaire que misogyne. Dans la bouche de nos charmants «mutants muant», les filles deviennent des «bombes trop bonnes à *qué-ni*», quand elles ne sont pas ravalées au rang de «pétasses» et autres «pouffiasses». D'ailleurs, les filles ne sont pas en reste. Est-ce parce qu'on a aujourd'hui tendance à les parer de toutes les qualités qu'on s'étonne de les découvrir au moins aussi grossières que les garçons? Pourtant, le phénomène n'est pas nouveau. Les poissardes d'autrefois ou Arletty la gouailleuse montraient déjà que les femmes savaient riposter pour se défendre. Vers 15 ans, l'agressivité des adolescents touche à son apogée; les filles l'expriment en mots, les garçons en actes, mais au chapitre de la vulgarité, les seconds rattrapent les premières.

Élever un garçon aujourd'hui

Ces «gros mots» leur procurent autant de plaisir que le «pipi caca» dont ils ont été de fervents adeptes au moment de l'apprentissage de la propreté, mais puberté aidant, ils sont plus ouvertement sexuels. Ce sont des pulsions verbales qui traduisent avec des mots leur fonction génitale, des sorties de soi. Métaphoriquement, chez les garçons, elles font figure d'éjaculation.

Cette façon de s'exprimer doit aussi être entendue comme une provocation. Par là, l'adolescent qui s'interroge cherche à obtenir des réponses. Il ne sait pas encore très bien comment se comporter pour être un homme, ne sait pas plus comment sont les filles. Elles restent pour lui un mystère qui le renvoie au mystère de son désir et il lance des appels déguisés pour essayer d'en savoir davantage. Il a oublié qu'il les désirait auparavant, ne comprend pas son attrait pour elles et craint d'en devenir dépendant. Les archétypes auxquels il se raccroche, par le biais du langage, le rassurent, car ils ont le mérite d'être simples. L'image qu'ils donnent des filles, aussi fausse soit-elle, rend celles-ci moins mystérieuses, donc moins angoissantes. L'adolescent les abandonnera de lui-même à mesure qu'il prendra confiance en lui. À nous de l'aider dans ce sens.

« Toutes des pétasses ! »

■ De nouvelles peurs

Les premières masturbations et les premières éjaculations sont une étape au moins aussi importante qu'a pu l'être l'apprentissage de la propreté. Les masturbations, le plus souvent accompagnées de fantasmes, servent en quelque sorte de préparation à l'acte sexuel. Mais l'éjaculation, cette « petite mort », qui est comme une absence à soi-même, peut faire naître des craintes de perte de contrôle. D'autres peurs surviennent bientôt, au moment du passage à l'acte : peur de ne pas être à la hauteur, peur de ne pas savoir s'y prendre, peur de faire mal à l'autre qu'on désire... Sans parler des peurs inconscientes qui sont souvent à l'origine de pannes, d'impuissance ou d'éjaculation précoce lors des premiers rapports. Mais à qui peut-il en parler, justement ? Voilà encore une inégalité, au désavantage du sexe masculin : les filles sont plus et mieux informées des choses de la sexualité, que ce soit par leur mère ou par le médecin qui leur prescrit la pilule. À la même période, comme si, pour eux, la sexualité allait de soi, les garçons sont moins entourés, plus livrés à eux-mêmes. Parce que les mères ne parlent pas de ces choses-là avec leur fils et parce que les pères, trop pudiques, trop maladroits ou encore trop distants, se bornent souvent

Élever un garçon aujourd'hui

à leur recommander l'usage du préservatif. Faudrait-il instaurer une visite médicale obligatoire à l'entrée en troisième par exemple, qui permettrait d'aborder ces questions si intimes et si essentielles ?

Le désir, aussi puissant soit-il, est lui-même source de peur. Désirer une fille, c'est, d'une certaine façon, être soumis à son bon vouloir. Le désir induit une dépendance qui, pour certains, est insupportable. Ils ont alors tendance à dévaloriser celle qu'ils désirent, comme si cela pouvait les protéger de l'ascendant qu'elle exerce sur eux. Cette attitude ne traduit pas un mépris des femmes en général ; le garçon s'emploie à rabaisser l'une d'elles pour nier son propre désir ressenti comme une faiblesse, et qui le fragilise. Cela prend parfois la forme d'une agressivité qui est une tentative d'affirmer sa souveraineté. Mais à trop déconsidérer l'objet de son désir, l'adolescent risque de finir par l'aliéner. À trop se (et la) persuader qu'elle est inférieure, il finit par la regarder de haut et induit chez elle un doute de soi qui fait qu'elle n'ose plus exprimer ses propres désirs, par peur de décevoir. Pour réduire quelqu'un en esclavage, il n'y a rien de mieux que d'attaquer son estime de soi. La fille se retrouve soumise à son désir exclusif, elle est là pour le combler, parant ainsi à toute frustration éventuelle qui lui est intolérable.

«Toutes des pétasses!»

▪ Les jeunes don juans

Chez certains adolescents, le besoin de conquête semble insatiable, comme si le désir leur brûlait les doigts, le cœur et l'âme. Avec un sentiment de toute-puissance propre à leur âge, ils se prennent pour les rois du monde, et les veulent «toutes» pour mieux conforter leur tendance à la mégalomanie. Est-ce pour autant qu'ils sont d'affreux machos considérant la femme comme un objet de plaisir? Il faut plutôt y voir l'expression d'un doute de soi, d'une peur de la vraie rencontre et de l'engagement. À moins que cette multiplication des conquêtes ne traduise la recherche d'une femme idéale, chacune n'étant finalement qu'un morceau de celle que l'on ne trouvera jamais. Ou peut-être les don juans luttent-ils à leur façon contre une peur viscérale d'être abandonnés par celle qu'ils aiment. Comme si, ne s'étant jamais remis que leur mère les ait «quittés» pour leur père, ils choisissaient d'avoir toujours un amour de rechange. Ils sont comme des épargnants qui, par crainte du krach boursier, décident de répartir leurs investissements, dans l'espoir de limiter les pertes.

Élever un garçon aujourd'hui

■ « Sois un homme, mon fils ! »

À l'adolescence encore, les parents ne traitent pas filles et garçons de la même façon et ils continuent d'induire, chez les unes et les autres, des façons d'être. Est-ce parce que, malgré la contraception, ils continuent de craindre une grossesse possible, qu'ils sont plus inquiets pour leur fille, lui accordent moins de liberté, se montrent plus exigeants sur sa tenue et ses comportements ? Les garçons, eux, sont moins surveillés, plus encouragés à sortir, comme si on considérait qu'ils étaient déjà grands et pouvaient se débrouiller seuls. On tolère mieux leurs comportements transgressifs et outranciers, on arrive même parfois à en sourire, un peu comme s'ils étaient des démonstrations d'une force toute masculine. On se réjouit dès qu'ils ont une petite copine, on les pousserait presque à en avoir une seconde, peut-être une fois encore pour se rassurer sur leur virilité. Les garçons le sentent-ils, et n'est-ce pas en partie pour cela qu'ils jouent les petits coqs ? Pour se conformer à l'idée que nous avons de ce qu'ils doivent être et à la norme sociale encore en vigueur ? Quand on sait qu'à l'adolescence l'une des questions les plus angoissantes est celle de la normalité, on imagine l'inquiétude de tous ces jeunes qui ne se reconnaissent

«Toutes des pétasses!»

pas dans ce modèle qu'on leur propose. Pour apaiser leurs doutes et se sentir «normaux», certains ne trouvent pas d'autres moyens que de mimer des attitudes un peu caricaturales qui sont comme une identité d'emprunt, le temps de savoir qui ils sont vraiment.

L'essentiel

▇ L'adolescence met fin à la bisexualité psychique et confirme l'identité sexuée.

▇ C'est dans l'enfance que le garçon aura acquis les bases narcissiques qui l'aideront à se sentir moins menacé par la rencontre avec les filles.

▇ En quête de sa nouvelle identité d'homme, l'adolescent fragilisé cherche à se rassurer en adoptant des comportements qui sont parfois caricaturaux.

▇ Les expressions sexistes, fréquentes à cet âge, expriment avant tout un doute de soi. Elles sont aussi un signe de reconnaissance entre pairs et d'appartenance à un groupe.

Chapitre 6
De la nécessité d'une éducation sexuelle intelligente

Être un garçon, ce n'est peut-être pas si facile, surtout dans le monde d'aujourd'hui où ce sont souvent les filles qui ont le beau rôle. Un peu d'éducation sexuelle intelligente et claire les aide à se sentir plus sûrs d'eux et fiers de leur appartenance au sexe masculin.

■ On est garçon pour la vie

L'affirmation peut paraître aller de soi, pourtant, il n'en est rien. Si le garçon est plutôt fier de son sexe, celui-ci peut être aussi sujet d'inquiétudes, parce que ce sexe extérieur est doué d'une vie autonome et a des réactions (érections) qu'il ne maîtrise pas. Pour Freud, le complexe

Élever un garçon aujourd'hui

de castration est un sentiment inconscient de menace éprouvé par l'enfant lorsqu'il découvre la différence anatomique des sexes. Le garçon redoute d'être un jour dépossédé de son pénis, de le perdre. Cette crainte nécessite une réassurance, avec des mots simples, afin qu'elle ne s'inscrive pas dans la psyché de l'enfant. Il est garçon pour la vie et rien ne le menace. Garçons et filles ont un sexe différent, mais qui ne changera pas. Rappelons-nous que, durant les deux premières années de son existence, notre garçon ne s'est senti ni garçon ni fille, mais seulement bébé. Lorsqu'il prend conscience de son sexe, il croit que les filles, elles, n'en ont pas, et les assimile alors à des bébés. C'est d'autant plus vrai s'il a une petite sœur. Elle tète, elle pleure, elle ne parle pas, ne marche pas, et on lui demande sans cesse d'être gentil avec elle sous prétexte qu'il est grand et qu'elle n'est qu'un bébé. Il pense qu'il a été comme elle, lui aussi, un être sans sexe. Être bébé, pour lui, c'est être une fille. Et être une fille, c'est être fragile, délicat, avoir toujours besoin que quelqu'un s'occupe d'elle. Il y a là les fondements d'une différenciation des sexes qui est une pure construction mais qui peut laisser des traces profondes. C'est pourquoi nous avons tout intérêt à expliquer à nos fils qu'ils sont nés garçons, avec leur sexe, qu'ils garderont quoi qu'il arrive. Sinon, ils auront

De la nécessité d'une éducation sexuelle intelligente

tendance à se tenir à l'écart de ces filles, à s'en méfier, comme si, à trop les approcher, ils risquaient de perdre leur sexe et de revenir à l'état de bébé.

Les filles aussi ont un sexe

Entre 3 et 6 ans, les enfants font preuve d'une curiosité anatomique insatiable. Ayant pris conscience de leur sexe, ils veulent découvrir leur corps et celui de l'autre, pour mieux affirmer leur identité sexuée et appréhender les différences entre garçons et filles, «pareils» et «pas pareilles». À travers les fameux et universels jeux de «touche pipi», le petit garçon découvre que les filles «n'en ont pas». Parce que leur sexe ne se voit pas, il peut penser qu'il leur manque quelque chose, qu'elles sont donc imparfaites, d'autant qu'il pressent bien l'importance de son sexe à lui qui, dans notre culture, est toujours associé à la puissance. Ce sentiment de puissance entraîne parfois un certain mépris pour ces filles «incomplètes».

C'est dire l'importance de leur expliquer que ce n'est pas parce que le sexe féminin est invisible qu'il n'existe pas. Les filles aussi ont un sexe, mais il est à l'intérieur de leur ventre, comme un tunnel, une grotte, où l'homme vient déposer ses graines, des offrandes posées au cœur d'un temple. Les mots sont essentiels car ils aident à intégrer mentalement la réalité anatomique qui ne se montre pas. Et il ne faut pas hésiter à les redire, chaque fois que le petit garçon exprime, par ses propos, un doute quant à l'existence du sexe de la fille, ou une croyance en la supériorité de son pénis. On a tout intérêt à souligner que la différence physique est la seule «vraie» différence entre garçons et filles. En effet, il n'est pas interdit de penser que c'est faute d'avoir été assez informés sur ce sujet que les machos et les misos se sentent obligés d'inventer d'autres différences sexuées. Elles leur permettent de créer une distanciation vis-à-vis du sexe féminin et de se protéger d'une possible fusion avec les femmes, fusion qui menace d'engloutir leur propre identité de garçon et d'homme.

Les garçons aussi, ça fait les bébés

Lorsqu'il voit une femme enceinte, ou lorsqu'on lui parle de la façon dont il est né, le garçon se prend à rêver. Parfois, il gonfle son ventre ou se met un coussin dessus et proclame fièrement: «Moi aussi, je suis enceinte!» Mais, autour de lui, on douche son enthousiasme en

De la nécessité d'une éducation sexuelle intelligente

affirmant que c'est impossible puisque ce sont uniquement les femmes qui peuvent donner la vie. Cette découverte le rend triste et risque surtout de le dévaloriser et le complexer. Être privé de ce pouvoir fait naître un sentiment de manque que les garçons vont tenter de contrebalancer en se montrant violents et agressifs à l'encontre des filles, comme pour les punir, les humilier et prendre leur revanche. Puisqu'elles ont le pouvoir de donner la vie, que leur reste-t-il à eux ? Faute de réponse satisfaisante, ils s'arrogent celui de donner la mort, tout au moins symboliquement. En réponse au pouvoir créateur des femmes, ils se réservent un pouvoir destructeur, qui leur apparaît complémentaire. D'autant que les petits garçons se demandent si leur mère, qui leur a donné la vie, n'est pas susceptible de la reprendre. Il faut donc être capable de se défendre contre cette puissance maternelle qu'ils confondent avec la puissance féminine. Ce pouvoir de destruction, ils l'expriment à travers leurs jeux guerriers, qui sont autant de démonstrations d'une force extérieure quand les filles ont la force à l'intérieur d'elles-mêmes.
Leur parler de leur rôle dans la fécondation permet d'apaiser leur sentiment de manque. Sans leurs graines, la femme ne peut concevoir de bébé – même l'insémination artificielle nécessite un donneur ! Ils ont eux aussi

le pouvoir de donner la vie. Si ce sont bien les femmes qui portent les bébés, ce sont les femmes et les hommes ensemble qui les font. Ces choses-là doivent être dites dès que le garçon pose des questions sur la sexualité et la façon dont il est né, c'est-à-dire entre 4 et 6 ans. Peut-être plus encore s'il est élevé par une femme seule ou par un couple de femmes. On ne doit jamais lui laisser imaginer qu'elles ont pu faire un bébé toutes seules.

■ Le désir n'est pas coupable

Parce que la différence des sexes les intrigue et les questionne, parce qu'ils sont en proie à des pulsions libidinales, les enfants ont très tôt des jeux que l'on peut qualifier de sexuels. C'est le fameux jeu du docteur, qui répond à un besoin de découvrir, de connaître et de comprendre, ou le jeu de papa-maman, qui représente davantage des jeux amoureux et reprend ce que les enfants perçoivent des relations entre les adultes.

Cette curiosité est naturelle et, si l'on surprend de tels jeux, il va sans dire qu'il ne faut pas les condamner, sous prétexte qu'ils sont «sales». Mieux vaut expliquer à son petit garçon que c'est normal qu'il ait envie de ces jeux-là, mais que ce sont des choses qu'il fera plus tard,

De la nécessité d'une éducation sexuelle intelligente

avec une fille consentante et qui n'est pas de sa famille. En parlant ainsi, on lui apprend que la sexualité agie est une affaire entre adultes, que le désir doit être partagé et jamais imposé, et on rappelle l'interdit de l'inceste.

En condamnant ces jeux d'enfant de façon un peu maladroite: «Ce n'est pas bien, tu ne dois pas faire ça aux filles», on laisse entendre au garçon que le désir est condamnable. Or, si le respect est essentiel, il ne doit pas inhiber le désir. Désirer une fille, ce n'est pas lui manquer de respect. Il arrive pourtant qu'à l'adolescence certains garçons, éduqués dans un respect outrancier des femmes, ne parviennent plus à se déclarer, se sentant coupables d'un désir qu'ils tentent de refouler parce qu'il leur paraît vulgaire, déplacé, offensant pour celle qui en est l'objet. Dans ce domaine, le mieux est l'ennemi du bien: exiger une dévotion à l'égard des filles ou les assimiler à de la porcelaine revient à les présenter comme une race à part dont il convient de ne pas trop s'approcher, sous peine de les abîmer ou de les salir.

La sexualité, un combat?

L'enfant qui surprend ses parents lors d'ébats intimes pense immédiatement qu'ils se livrent là à une bagarre, certains allant même jusqu'à penser que papa fait mal à maman. Si l'on n'y prend pas garde, cette idée de la sexualité, vue comme un combat permanent, risque de perdurer. Elle est actuellement entretenue par les magazines et les journaux télévisés, où, trop souvent résumée à des histoires d'agression, de viols ou de tournantes, la sexualité rime toujours avec transgression et violence – violence des hommes à l'encontre des femmes. De là se dégage un message implicite qui s'adresse essentiellement aux filles: «Protégez-vous! Apprenez à dire non!», tout garçon apparaissant comme un abuseur potentiel. Les rapports sexuels seraient donc une guerre dans laquelle chacun, selon son sexe, serait prédestiné à un rôle bien précis: victime ou bourreau.

Un grand nombre de mots et d'expressions se rapportant au transport amoureux et à la sexualité empruntent d'ailleurs au vocabulaire guerrier. On parle ainsi de «conquête amoureuse», des «feux de l'amour», de «tirer un coup», de «prendre une fille», fille qui est qualifiée de «canon», de «bombe»... Est-ce là du machisme? Oui, tant que l'on considère que seul l'homme fait la guerre. Non, si l'on veut bien se persuader que la guerre amoureuse se fait à deux et qu'il peut y avoir du plaisir à mener l'assaut, à condition que ce

De la nécessité d'une éducation sexuelle intelligente

ne soit pas toujours le même qui le mène et qu'il ne soit pas établi que c'est forcément l'homme qui domine. Une vision un peu «sportive» de la sexualité n'est pas machiste à partir du moment où elle n'exclut ni l'amour, ni le respect, ni l'attention à l'autre. C'est en partie aux parents que revient de faire passer le message. L'essentiel doit être dit dans l'enfance, notamment lorsque le garçon pose des questions sur sa conception. Quand il aborde les rivages de l'adolescence, nos tentatives d'explication ou de mise au point peuvent être vécues comme des intrusions. Cela ne doit pas empêcher d'aborder le sujet, pour dire ce qui nous semble important d'une façon générale, à l'occasion justement d'un de ces faits divers qui ponctuent l'actualité. Mais il ne faut jamais lui parler de notre sexualité ni attendre – ou, pire, lui demander – qu'il nous raconte sa vie amoureuse et sexuelle. Dans tous les cas, la mère n'est pas la mieux placée, car il serait dangereux que son fils puisse la voir comme un objet sexuel. Il est important de s'assurer qu'il a autour de lui un homme de référence: un parrain, un oncle, un grand frère..., pour poser les questions qui le préoccupent.

Les méfaits de la pornographie

Les films pornos sont, dit-on, de plus en plus « trash ». La femme y est réduite à un rôle d'objet sexuel et de plaisir, quand elle n'est pas ouvertement rabaissée et humiliée. Cette présentation des rapports sexuels sous le seul angle des rapports de force et de domination peut avoir une influence sur les fantasmes sexuels de certains adolescents parmi les plus fragiles: ils pensent que pour s'affirmer en tant qu'hommes, ils devront soumettre les filles à leur désir, sans jamais se laisser aller à des sentiments.

Si l'on surprend son fils devant un film porno, c'est au père d'intervenir, en insistant sur le fait que ces films donnent une vision totalement fausse de la sexualité et de ce que sont les hommes et les femmes. Il faut encourager l'adolescent à rencontrer des filles dans la réalité, seul moyen de les approcher de près et d'avoir avec elles une vraie relation qui lui permettra de dissiper les craintes qui l'assaillent.

De la nécessité d'une éducation sexuelle intelligente

L'essentiel

▪ L'éducation sexuelle permet d'apprendre aux enfants la complémentarité entre les deux sexes et de calmer l'angoisse de castration.

▪ Au-delà de ce qu'affirmait Freud, le sentiment de manque n'est pas réservé aux filles. Les garçons l'éprouvent quand ils découvrent qu'ils ne peuvent pas porter les bébés.

▪ Plus on insiste sur le fait qu'il a aussi le pouvoir de donner la vie, moins le garçon s'enfermera dans des comportements agressifs et destructeurs.

▪ La curiosité ou le désir à l'égard des filles ne doivent jamais être présentés comme étant des sentiments coupables.

Chapitre 7
Respecter ses goûts

Si notre petit garçon rêve d'une boîte de Lego ou d'une panoplie de Superman, on est ravi de le combler. Mais s'il préfère un déguisement de fée, on aurait plutôt tendance à calmer son enthousiasme et à le ramener vers des jeux que l'on considère comme étant plus en adéquation avec les caractéristiques de son sexe. Et si on essayait d'être moins rigides et plus à l'écoute de ses goûts?

■ Tenir compte de l'agressivité masculine

On a vu que durant les six premières semaines, le cerveau du petit garçon est imprégné de testostérone, hormone masculine responsable de l'agressivité. Cela explique, au moins en partie, qu'il soit, sinon plus agressif, du moins plus actif, plus agité que la fille. Autre particularité : chez le garçon, la masse musculaire est plus importante. Il est donc doué, à la base, d'une force physique plus grande, mais il va sans dire que cette force ne saurait justifier que l'on considère le sexe masculin supérieur au sexe féminin.

Cependant, les parents auraient tort de nier cette part agressive ou de chercher à la contrecarrer. Au contraire, ils doivent lui permettre de s'exprimer, mais en la canalisant et en aidant leur garçon à en faire quelque chose de positif et de constructif. Sa force est une qualité, mais seulement s'il sait l'utiliser. Démolir les châteaux de sable des copains, ce n'est pas faire preuve de force. En revanche, porter une pile d'assiettes à table pour aider, c'en est une.

C'est notamment à travers ses jeux que l'agressivité du garçon va transparaître. Activité sérieuse par excellence, ils sont essentiels à son développement puisque, à travers eux, il expérimente, explore, découvre, apprend. Il faut respecter son goût pour les jeux physiques, car ils sont aussi l'expression de son corps sexué et servent à mettre en scène les pulsions sexuelles qui l'animent. Les garçons sont naturellement portés à pratiquer certains jeux: ils aiment taper dans un ballon, se bagarrer, lancer des billes, tirer au pistolet... On aurait tort de ne voir là que des manifestations d'un besoin de destruction: ces jeux sont aussi le symbole

Respecter ses goûts

des capacités projectives du sexe masculin. Si le petit garçon n'a pas encore d'éjaculation, il sait que son sexe projette de l'urine. Ses jeux sont alors l'écho de la fonction urinaire de ce sexe, ce qui explique qu'il n'aime rien tant que de lancer des projectiles dont il s'efforce de maîtriser le parcours et l'impact. Lui interdire de tels jeux sous prétexte qu'ils sont violents revient à ne pas respecter son identité sexuée qu'il cherche par là à affirmer. En revanche, on lui rappellera les règles du jeu, quel qu'il soit : respecter l'adversaire, fille ou garçon, et ne pas lui faire de mal. Et on l'encouragera aux sports collectifs où le non-respect de la règle entraîne l'exclusion du terrain.

Cependant, tous les petits garçons ne jouent pas à la guerre ou au pistolet. Leur affirmation de soi ne passe pas par une opposition active, mais plus passive : plutôt que d'attaquer, ils boudent et se taisent. Cela peut être pour eux une façon de garder leur force et ne pas la gaspiller, et il ne faut pas les obliger à plus de démonstration car ce serait aller contre leur tempérament.

À chacun ses goûts !

Ce n'est pas parce qu'un garçon est fan de foot, de voitures de course et de petits soldats qu'il est un macho en puissance ! Il peut avoir des centres d'intérêt reconnus comme typiquement masculins sans pour autant dénigrer ceux qui sont désignés comme étant uniquement féminins. Le rôle des parents est de lui permettre de s'ouvrir à d'autres choses, en lui proposant des activités diversifiées, y compris celles longtemps réservées aux filles, comme la danse. Mais il ne s'agit pas de l'y contraindre, sous prétexte de ne pas en faire un macho. Les parents proposent, sans à priori, et le garçon choisit, en fonction de ce qu'il aime, de ce pour quoi il a des compétences. Il faut respecter ses goûts, ses envies : ne pas lui offrir de dînette quand il réclame un fusil laser, ni l'inscrire à un atelier de poterie quand il rêve de faire partie d'un club de foot. En lui imposant des choses qui sont en contradiction avec ses désirs et ses appétits, on fait, malgré soi, du machisme à l'envers puisqu'on lui donne à penser que tout ce qui est dit « féminin » est « bien » quand tout ce qui est « masculin » est « mal ». On lui fait croire ainsi qu'il y a différenciation et hiérarchisation entre les qualités de chaque sexe. À ce jeu-là, le garçon ne se sentira ni aimé ni reconnu

Respecter ses goûts

pour ce qu'il est, et il aura l'impression d'être toujours dévalorisé par rapport aux filles. Ce n'est pas notre conception du masculin et du féminin que l'on doit plaquer sur lui; ce sont ses propres capacités que nous devons l'encourager à développer.

L'éducation au partage des tâches

S'il est un sujet épineux au sein des couples, c'est bien celui-là. Les femmes déplorent souvent que les hommes rechignent encore à passer l'aspirateur, à s'atteler à la corvée des machines à laver et du repassage... Certaines oublient (feignent d'oublier?) qu'à chaque fois qu'ils s'y collent, elles ne peuvent pas s'empêcher de remarquer que c'est mieux quand elles le font elles-mêmes, ce qui, on en conviendra, peut finir par décourager.

Aux hommes qui craindraient de déchoir en passant l'aspirateur, aux femmes qui redouteraient d'être considérées comme des «bonniches», nous pouvons affirmer ceci: voyant un adulte passer l'aspirateur ou manier le fer à repasser, le petit garçon ne pense pas en termes de dévalorisation; bien au contraire, il a l'impression que l'adulte, homme ou femme, est hyperpuissant. Pour lui, repasser n'est ni masculin ni féminin, c'est adulte, cela représente un pouvoir qui le fascine. Il n'y a donc apparemment aucune raison pour qu'il refuse de s'essayer aux travaux ménagers.

Seulement les archétypes ont la vie dure. Quand la mère demande à sa fille de l'aider dans les tâches domestiques, elle lui impose, comme si cela était naturel, et elle est plus exigeante avec elle sur les questions d'ordre et de propreté. Ces mêmes tâches, elle se contente de les proposer à son fils. Ce faisant, elle sous-entend que pour un garçon ces activités-là ne sont pas des obligations, mais en quelque sorte des options. Avec une éducation pareille, il n'y a rien d'étonnant à ce que ce petit homme devenu grand reproduise un schéma traditionnel qui, s'il n'est pas forcément machiste, perpétue une répartition des rôles en fonction des sexes. C'est dire s'il est important d'encourager le père à participer, afin de convaincre son fils que ces activités sont aussi masculines. Il ne faut jamais perdre de vue que ce sont nos réactions et nos attitudes qui donnent un caractère sexué à nos différents comportements. Un garçon dont le père est coiffeur ne pensera jamais que c'est un métier de femme. Et celui qui voit son père faire la cuisine ou la vaisselle sera ravi de l'aider dans cette tâche qui est aussi celle de l'homme.

Respecter ses goûts

La peur de l'homosexualité

Alors que nous encourageons volontiers les filles à des activités dites «masculines», nous restons, dans nos comportements éducatifs, assez rigides et cassants avec les garçons. Les pères, plus encore que les mères, ont encore des réactions très stéréotypées, notamment en ce qui concerne les jeux et les activités de leur fils. Certains par exemple ne supportent pas l'idée que celui-ci demande pour son anniversaire une boîte de perles de couleur pour créer des bijoux, comme si cela venait heurter leur conception de ce que doit être un homme.

Dans cette attitude, qui n'est cependant pas l'apanage du sexe masculin, les parents expriment leur crainte d'une possible identification féminine de leur fils. En filigrane, on peut y percevoir la peur qu'il ne devienne homosexuel, comme si l'on confondait identité sexuée et orientation sexuelle. Cette réaction ne doit pas être assimilée à de l'homophobie, mais elle vient souligner que l'homosexualité est encore mal perçue, continue d'être considérée comme douloureuse pour celui qui la vit et dérangeante pour l'entourage. Sans doute est-ce là l'héritage de siècles de condamnation, voire de persécution de l'homosexualité, qui, rappelons-le, a été classée parmi les maladies mentales jusqu'en... 1981.

Chez les parents, l'idée d'une possible homosexualité de leur fils entraîne deux craintes: celle de ne jamais devenir grands-parents et de voir s'interrompre la chaîne de transmission et de filiation familiale; celle aussi d'être en partie responsable de l'orientation sexuée de leur fils.

Cette inquiétude, qu'on a du mal à reconnaître, fait que le petit garçon reçoit finalement une éducation limitante, et se construit avec une marge réduite. Sous prétexte que ses qualités réputées féminines pourraient être annonciatrices d'une homosexualité future, on va chercher à renforcer chez lui les qualités pseudo-masculines. Pour devenir «un homme, un vrai», il va devoir se conformer à certains comportements autorisés, voire encouragés par ses parents, quand d'autres sont dénigrés et même interdits. Tout se passe alors comme si on lui offrait une boîte de peinture, mais en lui ordonnant de ne pas utiliser le rose et le bleu pâle, sous prétexte que ce ne sont pas des couleurs de garçon. Les tableaux qu'il fera avec cette palette réduite seront peut-être réussis, mais manqueront de toutes ces nuances qui font la richesse et la subtilité d'une œuvre originale.

Respecter ses goûts

En incitant un garçon à se bagarrer, à se défendre avec les poings, à ne pas pleurer..., on ne l'encourage pas ouvertement à mépriser les filles, mais on désavoue certains comportements, au seul motif qu'ils sont féminins. On différencie ce qui est faisable par une fille et faisable par un garçon. Ce n'est pas du machisme à proprement parler, mais cela peut contribuer à en faire le lit en créant des idées fausses sur les capacités de chaque sexe.

Le garçon à qui l'on interdit certaines activités deviendra bien un homme, mais sans parvenir à déployer toutes ses possibilités. Il est important de se convaincre qu'il n'y a pas une seule façon d'être un homme et qu'un goût pour des activités «féminines», un comportement plutôt calme et doux ne sont pas des signes d'homosexualité. L'avenir du garçon ne se joue pas entre macho et homo. Entre les deux, il y a une infinité de possibles, de façons d'être et de se vivre en tant que (petit) homme.

L'essentiel

▪ L'éducation des filles est plus ouverte, celle des garçons demeure plus rigide et on a tendance à le cantonner à certaines activités, comme si on avait peur de le féminiser.

■ Lorsqu'on établit des différences entre les activités de garçon et les activités de fille, on sous-entend que les deux sexes n'ont pas les mêmes capacités.

■ Jouer à la poupée ou se déguiser en fille ne traduit pas une orientation homosexuelle. Le garçon exprime par là son désir de s'occuper d'un bébé ou sa curiosité vis-à-vis de l'autre sexe et une sensibilité jusque-là qualifiée de «féminine» mais qui peut être aussi une qualité masculine.

■ Initier tôt le garçon aux tâches domestiques, c'est lui permettre de partager un pouvoir réservé aux femmes.

Chapitre 8
Surveillons notre langage... et le leur !

Le langage, comme l'enfer, est pavé de bonnes intentions. Notre vocabulaire est parfois machiste sans le savoir, tout au moins contribue-t-il à renforcer l'idée de la différence des sexes et de l'existence d'un sexe dit « fort » et d'un autre dit « faible ».

▓ Les stéréotypes langagiers

La langue française est décidément riche en surprises. Et, par on ne sait quel hasard, il arrive que des adjectifs changent de sens en même temps qu'ils changent de genre. Des exemples ? Un garçon fort, c'est un garçon qui a de la force physique. Une fille forte, c'est au mieux une fille qui a des compétences en certaines matières, au pire une fille un peu enrobée, un peu grasse. Ce petit garçon est un dur? Il est résistant, costaud, décidé, tandis que la petite fille dite dure est aussitôt soupçonnée de manquer de cœur et de tendresse. En revanche, on se félicite si elle est douce, autrement dit gentille et aimable, alors que le pauvre garçon doux est trop souvent pris pour un mou, sans caractère... Certains qualificatifs sont encore à ce point sexués qu'on hésite à les employer indifféremment. Quels parents iront reconnaître que leur fils est coquet et l'encourageront à le rester?

On pourrait multiplier les exemples montrant que notre vocabulaire reflète encore des stéréotypes qu'en toute bonne foi nous sommes convaincus d'avoir dépassés depuis des lustres. C'est pourquoi, si l'on n'y prête pas attention, nos mots continueront à perpétuer des différenciations qui n'ont plus cours et à les imprimer dans l'esprit des enfants.

Être fort est une qualité formidable, qui permet de faire tout un tas de choses difficiles: soulever des poids, courir vite, grimper aux arbres... Mais elle n'est pas une caractéristique du sexe masculin. Si à chaque démonstration de force on s'exclame: «Eh bien, dis donc, bravo, tu es fort, tu es un vrai petit homme!», le garçon

Surveillons notre langage... et le leur!

sent confusément que ses parents expriment là leur désir qu'il soit ainsi. Et comme, plus il est petit, plus il s'efforce d'être conforme à leurs désirs, il va s'appliquer, sinon s'acharner à être fort pour leur plaire en tant que garçon. Pour lui, la force va apparaître comme une qualité masculine par excellence. Au point parfois de finir par penser que les filles en sont dépourvues, ce qu'il exprime à sa façon par des réflexions du genre: «Ma sœur, c'est une fille, elle est pas forte.» Affirmation à corriger sans tarder: sa sœur est forte aussi, mais forte comme une fille quand lui est fort comme un garçon. C'est une façon de dire que les deux sexes ont les mêmes qualités mais ne les expriment pas forcément de la même manière et de le confirmer dans son identité sexuée. On l'aide ainsi à se reconnaître dans son sexe, ce qui est fondamental pour son développement. Pour éviter toute ambiguïté, on a intérêt à expliquer que la force n'est pas seulement physique mais a aussi le sens d'excellence: garçons et filles peuvent êtres forts en dessin, forts en maths, forts pour ranger leur chambre, forts pour mettre la table, forts pour s'habiller vite et sans aide le matin, forts en sagesse... Ce que l'on traduira explicitement en ne manquant pas de féliciter aussi la fille pour ses démonstrations de «force» dans tous les domaines.

Élever un garçon aujourd'hui

Plus généralement, chaque qualité dont notre garçon fait preuve doit être reconnue comme étant une qualité de son sexe, même si à priori, pour les parents, elles ne correspondent pas à leur idée de ce que doit être un garçon. S'il plie soigneusement ses vêtements par exemple, on aurait tort de lui dire, avec parfois un soupçon de reproche dans la voix, qu'il est déjà un petit maniaque. Au contraire, il faut le féliciter d'être soigné et ordonné... comme un vrai garçon, afin qu'il en soit fier.

L'essentiel est bien de traiter nos enfants de la façon la plus égalitaire possible, afin qu'ils comprennent, dès leur plus jeune âge, que les garçons et les filles partagent de nombreux points communs, et que nul(le) n'est mieux ou plus compétent(e) que l'autre. C'est pourquoi il faut prendre garde à l'attitude qui consisterait à toujours valoriser la fille pour ses qualités de force par exemple, sans jamais prendre la peine de féliciter le garçon sous prétexte que cette force serait chez lui naturelle. De la sorte, il se sentirait dénigré dans son identité et pourrait en rajouter dans les démonstrations de force pour obtenir une reconnaissance dont il a besoin.

Surveillons notre langage... et le leur!

■ Condamner les propos sexistes

Comme on devrait s'abstenir de proférer des gros mots devant nos enfants, on doit s'interdire les propos sexistes, lancés à l'emporte-pièce dans le cours d'une conversation. «Tous ces mecs, quelle bande de lâches!»; «Ces bonnes femmes m'enquiquinent avec leurs conversations sans intérêt, toutes des pipelettes!»... Répétés trop souvent, ils finissent par s'imprimer dans l'esprit du petit garçon qui les entend. Parfois même on s'adresse à lui directement. Imaginez la scène: il arrive en se plaignant que ses sœurs se moquent de lui. Vous essayez d'arrondir les angles puis, après deux ou trois tentatives qui se soldent par un échec, à court d'arguments, vous lâchez: «Laisse tomber, ce sont des filles, elles ne peuvent pas comprendre.» Parce qu'elles sont un peu bêtes de nature? méchantes pour le plaisir? Même s'il ne pose pas ces questions, le petit garçon tirera de vos propos la conclusion qui semble s'imposer et qui l'arrange. Plus il est jeune, plus il prend pour argent comptant tout ce que vous lui dites. Si papa ou maman affirme que les filles ne peuvent pas comprendre, c'est donc bien qu'elles sont bêtes. Nul besoin d'avoir un ou des parents machos pour entendre pareilles généralités.

Élever un garçon aujourd'hui

Chacun de nous est susceptible d'en proférer de temps à autre, sans même s'en apercevoir. Il convient donc d'être vigilant et, à défaut de réussir à surveiller son propre langage, de rappeler à l'ordre celui ou celle qui, devant nous et en présence de notre fils, se laisse aller à un sexisme pouvant laisser des traces.

À plus forte raison, de reprendre ce fils s'il tient lui-même de tels propos. Comme on ne supporte pas qu'il ait des opinions racistes, on ne doit pas supporter davantage ses jugements sexistes. Si on parvient à lui expliquer que, quelle que soit leur origine, tous les hommes ont les mêmes qualités, on doit bien réussir à trouver des arguments pour lui démontrer que les filles ne sont pas moins bien qu'eux et ne constituent pas une race à part. En ce sens, c'est une bonne chose que la loi sociale condamne désormais les propos sexistes, car cela va permettre de faire passer plus facilement la loi familiale qui pose les mêmes limites. Jusqu'à présent, les insultes racistes provoquaient des remous, pouvaient engendrer le renvoi de l'école de l'élève coupable, étaient mentionnées dans les journaux télévisés, mais les insultes sexistes passaient pour ainsi dire inaperçues. Le garçon pouvait interpréter cela comme une autorisation et avait d'autant plus de mal à comprendre qu'à la maison on lui reproche

Surveillons notre langage... et le leur !

ce que personne ne relevait ailleurs. Désormais, dans la famille et au-dehors, la règle sera la même.

Bien sûr, il ne s'agit pas de les menacer d'emprisonnement dès qu'ils se laissent aller à des propos machistes, mais de rester ferme sur l'interdit. Lorsqu'un garçon de 8 ans proclame : « Je vais me la faire, elle est trop bonne, je la nique », il répète sans comprendre ce qu'il a entendu dans la bouche d'un enfant de son âge ou d'un plus grand. Sans se lancer dans de grandes explications sur le sens des mots, il faut lui rappeler que tout cela n'est pas de son âge et que ces gros mots, comme les autres, ne sont pas autorisés à la maison – ce qui sera d'autant plus facile que soi-même on ne lance pas des « putain, merde » à tout bout de champ. À l'adolescence, on lui expliquera que les mots crus peuvent se dire entre copains mais pas devant les parents et qu'il doit apprendre à se méfier des généralités qui emprisonnent. Affirmer que « toutes les filles sont des allumeuses » est aussi nul et faux que de prétendre que « tous les garçons sont des bœufs ». Et il se déshonore en tant qu'homme en rapportant de tels propos.

Élever un garçon aujourd'hui

■ Il n'est pas obligé d'aimer toutes les filles

Bien sûr, toutes les filles ne sont pas des idiotes, des chochottes, des menteuses ou des méchantes. Mais Il arrive que certaines le soient ou se comportent comme telles. Et le garçon a le droit d'exprimer sa déception, sa colère, sa tristesse ou son incompréhension; en revanche, elles ne l'autorisent pas à généraliser et à prêter le comportement d'une seule fille à l'ensemble du sexe féminin. En lui interdisant de critiquer une fille, on sous-entend qu'elles sont intouchables, au-dessus de toute critique, ce qui le met en position d'infériorité, surtout si, dans le même temps, on n'hésite pas à critiquer ses copains en tant que garçons. À moins qu'on ne suggère par là qu'elles sont incapables de se défendre et de riposter. Si l'expression «On ne bat pas une fille, même avec une fleur» est passée de mode, certaines de nos réflexions revêtent à peu près la même signification, à savoir que les filles seraient fragiles de nature, quand les garçons seraient forts.

On a vu que les parents avaient tendance, avec leur fils, à parler moins de sentiments et de choses intimes. L'un des enjeux de l'éducation doit être d'inverser cette tendance et d'encourager les garçons à exprimer leurs sentiments. Au lieu de condamner leurs propos sur leur

Surveillons notre langage... et le leur!

sœur ou leur copine, les parents feraient mieux de leur demander ce qu'ils ressentent face à l'attitude de la fille en question. Peut-être les garçons ne parviennent-ils pas d'emblée à les dire à voix haute, ou n'en ont-ils pas envie, ce qui est leur droit. Mais ils apprendront peu à peu à reconnaître leurs sentiments intérieurs et à composer avec, sans chercher toujours à les nier sous prétexte qu'ils ne savent pas quoi en faire. C'est sûrement là un moyen de les aider à devenir des hommes plus à l'aise dans la verbalisation de leurs émotions, qualité encore trop souvent réservée aux femmes.

Dessine-moi une fille

C'est un petit test amusant à faire : demander à votre garçon de dessiner une dame et un monsieur. À première vue, ces différences sont visibles : la dame a des cheveux longs et une bouche marquée, alors que celle du monsieur est moins dessinée et qu'il porte parfois un chapeau. En observant d'un peu plus près, on constate que le corps de la dame a une forme triangulaire, quels que soient les vêtements qu'elle porte ; celui du monsieur est plutôt rectangulaire. Les organes sexuels ne sont pas représentés mais l'on peut percevoir, dans la forme géométrique des corps, le symbole de l'utérus féminin et celui du pénis masculin.

Bien sûr, le petit garçon n'en a pas conscience. Pour lui, tous les messieurs et toutes les dames ressemblent à ceux qu'il a dessinés. Ils sont pareils ou pas pareils.

Poursuivez alors votre test en lui demandant de vous dire quelles sont ces différences entre les deux. Si pour lui «les filles, elles ont les cheveux longs et des boucles d'oreilles et elles sont jolies» et «les garçons, ils ont des cheveux courts et de la barbe», cela montre qu'il a bien intégré que la différence essentielle est physique, et qu'elle s'accompagne de quelques traits purement culturels. Mais si le bambin reconnaît de surcroît que «les filles, elles pleurent tout le temps» et que «les garçons, ils sont très forts», c'est qu'il a déjà une idée fausse des caractéristiques de chaque sexe. Pour lui, la différence entre les deux n'est plus seulement physique mais aussi comportementale. D'où tient-il cette croyance? Il est temps de remettre les choses au point.

L'essentiel

■ Garçons et filles ont les mêmes qualités mais ne les expriment pas forcément de la même manière.

Surveillons notre langage... et le leur !

▨ Il y a autant de différences entre deux garçons qu'entre un garçon et une fille.

▨ Les garçons sont en proie à des émotions et des sentiments, comme les filles. C'est l'éducation qu'ils reçoivent qui leur apprend peu à peu à les taire et à les ignorer.

▨ Dès leur plus jeune âge, il faut leur apprendre le respect de l'autre et la tolérance, et interdire tous les propos racistes et sexistes.

Chapitre 9
Des héros choisis

Tous les enfants du monde se prennent de passion pour des personnages, réels ou imaginaires. Ces héros et ces idoles sont des figures de référence et constituent eux aussi des modèles identificatoires plus ou moins influents.

Un héros, c'est important, parce que c'est soi tel qu'on se rêve, tel qu'on voudrait être. Un peu comme le meilleur ami, on le pare de toutes les qualités que l'on aimerait posséder. Il est un idéal auquel on essaie de ressembler. Si l'on peut s'identifier aux héros des deux sexes, l'on choisit prioritairement ceux de son sexe, pour mieux se projeter en eux. Et plus l'enfant est petit, plus les parents peuvent l'aider à choisir ses héros.

■ La lente évolution des héros

Bien sûr, il y a les héros de la petite enfance, ces princes charmants et audacieux prêts à affronter tous les dangers pour ravir et sauver une belle jeune fille fragile. Si les contes de fées classiques ont sans doute encore de beaux jours devant eux, ils sont cependant concurrencés par toute une production qui tient compte de l'évolution des mœurs. Il n'y a qu'à feuilleter les livres du rayon «Jeunesse» pour s'en convaincre: les rôles sexués ne sont plus ni aussi stéréotypés ni aussi univoques que par le passé.

Pourtant, ce sont les personnages féminins qui ont le plus évolué. Les héroïnes fragiles, soumises et indécises ont vécu et laissent aujourd'hui la place à des jeunes filles décidées et actives, volontiers bagarreuses, quand elles ne sont pas agressives et violentes. Les mijaurées d'hier sont détrônées par des terreurs et des tueuses dont Lara Croft (star d'un jeu vidéo puis d'un film) ou la terrible vengeresse de *Kill Bill* sont les représentations les plus extrêmes. Extrêmes parce qu'elles peuvent laisser à penser que l'agressivité est pour le sexe féminin la seule façon d'être indépendante. Mais entre soumission et terreur, entre effacement et prise de pouvoir, il y a toute une

Des héros choisis

palette de façons d'être des petites filles qui sont plutôt bien représentées.
Si les filles de fiction ont réussi à s'approprier des pouvoirs et des caractéristiques longtemps réservés aux hommes, les héros, eux, sont encore largement dans l'archétype, soumis à des stéréotypes. Non contentes d'être sensibles, douées dans l'expression de leurs émotions, pleines de charme et de séduction, les héroïnes ont aussi une capacité de décision et d'action, tandis que les héros, eux, un peu balourds, gênés dans le registre des sentiments, se contentent de ce qu'ils savent faire depuis la nuit des temps: agir, se bagarrer et combattre. En cela, la production pour la jeunesse est sans doute l'exact reflet de ce qui se passe dans la «vraie» vie où, décidément, les hommes mettent plus de temps à évoluer que les femmes. Il faut alors se féliciter du succès d'un Harry Potter qui conjugue avec bonheur traits masculins et traits féminins, et encourager les garçons à le lire. À sa manière, le petit sorcier est aussi une fée: il est doué de pouvoirs surnaturels, mais il sait faire un bon usage de sa force en la mettant au service de justes causes. Et surtout, Harry n'est pas seulement fort: il doute, il est malheureux, il doit se battre, il échoue parfois...

Titeuf, héros en latence

Avec sa drôle de tête surmontée d'un épi, il est le représentant des garçons en phase de latence. Lui et ses copains sont à l'âge où l'autre, l'étranger, c'est la fille, sujet d'intérêt mais aussi d'interrogations permanentes. En quoi sont-elles pareilles que les garçons ? En quoi sont-elles différentes ? C'est toute la question que (se) posent Titeuf et sa bande, question à laquelle bien des hommes, parvenus à l'âge adulte, n'ont toujours pas trouvé de réponse.

Si Titeuf plaît tant c'est parce que, en filigrane, il parle du désir pour l'autre sexe. Le désir a beau être refoulé à cet âge, cela ne signifie pas que la sexualité a disparu. Simplement elle n'est pas apparente. Alors, lorsqu'elle surgit au fil des pages des aventures de Titeuf, elle fait écho à ce que les garçons ressentent mais n'expriment pas. Le temps de lire la BD, c'est comme si on dévissait le bouchon d'une cocotte-minute que l'on sent à l'intérieur de soi, avant de la refermer pour passer à autre chose, soulagé malgré tout de voir un garçon de son âge partager les mêmes interrogations que soi. À l'âge où ils lisent *Titeuf*, il est encore facile de parler avec eux. On aurait bien tort de se priver de l'aide du petit bonhomme pour faire passer nos messages.

Des héros choisis

■ Vive la « Star Ac » ?

Il est de bon ton de dénigrer la télé-réalité, et pourtant… Toutes les émissions du genre ne sont pas formidables, loin de là, et certaines sont ahurissantes de vulgarité, présentant à tour de rôle hommes et femmes comme des caricatures, des objets de consommation, soumis et dociles. En revanche, la «Star Académie», grande favorite de nos (pré)ados, n'est peut-être pas aussi toxique qu'on aime à le répéter. En tout cas, elle reflète assez bien l'évolution des mœurs. Ainsi, lors de la dernière « Star Ac », on a pu assister à un tollé tout à fait significatif. Un prénommé Enrique s'était permis d'insulter l'une des filles du groupe! L'incident a mis le feu aux poudres et, si le coupable n'a pas été renvoyé sur l'heure (machisme des responsables oblige?), il a dû cependant présenter des excuses en bonne et due forme à l'offensée et se tenir à carreau. L'exemple montre si besoin est à quel point on est aujourd'hui sensible aux discriminations sexistes. Et on ne peut que déplorer davantage que, dans les cours des collèges et des écoles, les petits coqs qui passent le temps en insultant les filles ne soient pas condamnés de façon plus exemplaire ou, à tout le moins, sommés de s'excuser.

Élever un garçon aujourd'hui

Le fait que cet incident ait eu lieu au sein de la « Star Ac » n'est sans doute pas anodin. Car, par ailleurs, cette émission de télé-réalité contribue davantage à combattre les résidus de machisme que n'importe quel discours des parents à la maison, ou des professeurs à l'école. Contrairement à ce qui peut se passer ailleurs, au château, l'égalité entre filles et garçons est absolue. Les deux sexes y ont le même nombre de représentants et y reçoivent les mêmes traitements. Entre eux, la compétition et l'envie de gagner n'empêchent ni l'émulation, ni les histoires d'amour bien sûr, ni l'amitié. C'est un point important car on ne valorise pas assez l'amitié entre les sexes. Trop d'adultes disent encore qu'ils ne croient pas à l'amitié entre un homme et une femme. Comme si, pour un garçon, cela pouvait être suspect d'être avec une fille et de ne pas essayer de la séduire, alors qu'elle n'attendrait rien d'autre. À cet égard, la mixité de la « Star Ac », comme celle de l'école, est essentielle pour lutter contre le machisme : ce n'est qu'en partageant le plus souvent possible toutes sortes d'activités que garçons et filles découvrent leurs points communs et apprennent à se respecter pour ce qu'ils sont et font, sans considération de sexe. La « Star Ac » est « politiquement correcte », dans le bon sens du terme, et, à ce titre, sûrement moins nocive que bien des séries

Des héros choisis

américaines. Certaines, anciennes, ont l'excuse de dater d'une époque où l'égalité entre les sexes n'était pas encore au programme. C'est le cas de « La croisière s'amuse » ou du soporifique « Derrick », (re)diffusées sur le câble, et dont on pense qu'elles sont inoffensives. Mais il y a aussi des séries dites «actuelles», qui jouent à fond la carte des clichés, comme « Ma famille d'abord », caricature absolue de la vie de famille, avec père macho, mère au foyer et fille dépensière. Beaucoup de séries policières fonctionnent encore sur des modèles archaïques, présentant les rapports hommes/femmes sous le seul angle des rapports de force. Si les héroïnes ont toute la panoplie de la femme «moderne» et sont présentées comme les égales des hommes, les unes et les autres conservent des rôles stéréotypés. L'intelligence et la réflexion sont pour elles, et l'action pour eux. Mais en règle générale, la première ne suffira pas sans l'intervention de la seconde et la femme flic, aussi brillante soit-elle, ne devra son salut qu'à l'intervention de son acolyte musclé.

Plus dangereux encore que les fictions, certains talk-shows à la radio ou à la télévision dont les adolescents sont friands, où les animateurs ont des propos et des prises de position répétées qui sont parfois d'un machisme débridé et inadmissible. Sous couvert d'humour potache et gaulois, tous les poncifs sexistes ont droit d'antenne sans que personne ne vienne jamais les mettre en question.

Décrypter les images et les propos sexistes

Parce qu'ils représentent une part de rêve ou d'évasion, tous les modèles proposés par la télévision ou le cinéma peuvent avoir une influence sur nos garçons. Cette influence est sans doute proportionnelle au temps passé devant le petit écran et c'est l'une des raisons – parmi tant d'autres – pour lesquelles on a intérêt à le limiter. Il convient sans doute de recommander aux parents d'aider leurs enfants à décrypter les images sexistes, mais l'exercice n'est pas évident. S'ils condamnent tel film ou telle série sans même les avoir vus, ils passent pour des vieux réacs et les enfants prennent cette réaction comme une critique permanente de leurs goûts et de ce qu'ils sont – ou ont envie d'être. L'idéal serait sans doute de regarder leurs feuilletons préférés avec eux et de pouvoir en discuter par la suite. Parents et enfants pourraient alors exprimer leurs points de vue. Si les seconds sont peu portés à parler d'eux-mêmes, surtout à l'adolescence, en revanche ils sont

Des héros choisis

toujours ravis qu'on s'intéresse à leur avis. L'exercice peut être pédagogique, en ce sens qu'on leur apprend à faire la distinction entre réalité et fiction et qu'on les encourage, une nouvelle fois, à exprimer leurs sentiments et leurs émotions.

L'essentiel

■ Dans la fiction, comme dans la réalité, les garçons semblent avoir plus de mal à évoluer que les filles. C'est parmi les héros de la petite enfance que les modèles sont plus riches et moins stéréotypés.

■ Les relations entre garçons et filles, hommes et femmes se résument encore trop souvent à des rapports de force ou à des relations amoureuses. Il manque des modèles d'amitié entre les deux sexes qui aident à se reconnaître égaux.

■ Comme on l'aide à choisir des livres, on doit l'aider à choisir les émissions qu'il regarde à la télévision et en parler avec lui.

Conclusion

▨ Masculin, féminin... et neutre

La différence physique entre les sexes n'est ni symbolique ni imaginaire. Elle est naturelle, indéniable, commune à toute l'humanité, soumise ni à la religion ni à la culture. Et sans doute le sexe anatomique est-il à l'origine de certaines façons d'être particulières. Ainsi le garçon est-il plus porté vers l'extériorité et l'action, la fille vers l'intériorité et l'introspection. Ces inclinations, réelles, ne sauraient justifier l'existence de tempéraments, de caractères et de comportements spécifiquement masculins et d'autres spécifiquement féminins. On ne le répétera jamais assez : le caractère n'est pas fonction du sexe, il est la résultante de différents paramètres (génétiques, environnementaux...) qui font de chacun un individu singulier.

La division du monde en deux genres distincts, féminin et masculin, demande sans doute à être revue et enrichie d'un nouveau genre : le neutre. Il regrouperait toutes les qualités appartenant aussi bien aux garçons qu'aux filles, et dans lesquelles chacun pourrait se reconnaître sans avoir l'impression de renier son identité sexuée ni avoir besoin de dénigrer l'autre sexe pour mieux asseoir son pouvoir. L'égalité entre les sexes ne doit pas être entendue comme une menace d'indifférenciation et de confusion, mais comme un enrichissement permettant à chacun de déployer toutes ses capacités, sans limites ni restriction.

Remerciements

À mes parents, pour leur éducation,
à Nathalie Pourtalet, pour son affection,
à Fabrice Samain, pour sa loyauté,
à Hervé Régoli, pour son humour,
à Sylvie Lhommeau, pour son amitié.

Table

Introduction 7
    Le macho, un homme menacé 7
    Les droits des femmes,
    des avancées récentes 9
    Des générations de transition 11
    Un contexte économique peu propice
    à l'évolution des mentalités 13
    Une survalorisation des valeurs
    dites «féminines» 15

Chapitre 1
**■ Notre inconscient nous joue-t-il
encore des tours ?** 19
    Le poids des projections 20
    La machine à différencier 21
    Cherchez le macho dans la famille 23
    Des comportements différents
    et adaptés au sexe de l'enfant 25
    Y a-t-il un tempérament
    spécifiquement masculin ? 27
    L'essentiel 30

Chapitre 2
■ Le jeu des identifications 31
  La mère, premier modèle 32
  Amour et rivalité 34
  D'autres modèles identificatoires 35
  Une surreprésentation des modèles féminins ? .. 37
  L'essentiel 39

Chapitre 3
■ Qui c'est le chef, à la maison ? 41
  Tous les modèles sont permis 41
  Attention aux conflits 43
  Les petits maris 45
  Maman superwoman 47
  Le rôle du père 49
  Avoir des parents homosexuels 50
  L'essentiel 52

Chapitre 4
■ Quand les filles deviennent des étrangères… 53
  Qui se ressemble s'assemble 53
  Des petits garçons très stéréotypés 55
  La loi du plus fort 57
  Quand ils attaquent les filles 58
  Amitiés passionnées, amours platoniques 59

Avec les frères et sœurs 61
Un peu d'éducation civique? 63
L'essentiel 64

Chapitre 5
« Toutes des pétasses! » 67
Un corps d'homme 67
Tempête hormonale 69
Un machisme transitoire 71
Macho contre lolita 73
En proie à des pulsions verbales 75
De nouvelles peurs 77
Les jeunes don juans 79
« Sois un homme, mon fils! » 80
L'essentiel 81

Chapitre 6
De la nécessité d'une éducation sexuelle intelligente 83
On est garçon pour la vie 83
Les filles aussi ont un sexe 85
Les garçons aussi, ça fait les bébés 86
Le désir n'est pas coupable 88
La sexualité, un combat? 89
Les méfaits de la pornographie 92
L'essentiel 93

Chapitre 7
Respecter ses goûts 95
   Tenir compte de l'agressivité masculine 95
   À chacun ses goûts ! 98
   L'éducation au partage des tâches 99
   La peur de l'homosexualité 101
   L'essentiel 103

Chapitre 8
Surveillons notre langage... et le leur ! 105
   Les stéréotypes langagiers 105
   Condamner les propos sexistes 109
   Il n'est pas obligé d'aimer toutes les filles 112
   Dessine-moi une fille 113
   L'essentiel 114

Chapitre 9
Des héros choisis 117
   La lente évolution des héros 118
   Titeuf, héros en latence 120
   Vive la « Star Ac » ? 121
   Décrypter les images et les propos sexistes 124
   L'essentiel 125

Conclusion 127
   Masculin, féminin... et neutre 127

Autres ouvrages des auteurs

Stéphane Clerget

Séparons-nous mais protégeons nos enfants,
Albin Michel, 2004

Comment survivre quand les parents se séparent ?,
(avec Bernadette Costa-Prades),
Albin Michel jeunesse, 2004

Ils n'ont d'yeux que pour elle – Les jeunes et la télé,
Fayard, 2002

Nos enfants aussi ont un sexe – Comment devient-on fille ou garçon, Laffont, 2001

Adolescents, la crise nécessaire, Fayard, 2000

Ne sois pas triste mon enfant – Comprendre et soigner la dépression chez les petits, Laffont, 1999

Pascale Leroy

Voyage au bout de l'angoisse,
Anne Carrière, 1997

Le guide du parent solo,
Filipacchi/Desclée de Brouwer, 2002

Un ado qui se drogue – Comment font les parents,
Filipacchi/Desclée de Brouwer, 2002

DANS LA MÊME COLLECTION

CLAUDE ALLARD ET CÉCILE DOLLÉ
Qu'est-ce qu'il y a à la télé ? – Aider nos enfants dans leur choix

DR PATRICK BLACHÈRE ET SOPHIE ROUCHON
Petites infidélités dans le couple – Ça passe ou ça casse ?

STÉPHANE BOURCET ET ISABELLE GRAVILLON
Mon enfant a été agressé – Dans la rue, à l'école, à la maison...

CHRISTINE BRUNET ET NADIA BENLAKHEL
C'est pas bientôt fini, ce caprice ? – Les calmer sans s'énerver

DR DOMINIQUE-ADÈLE CASSUTO ET SOPHIE GUILLOU
Ma fille se trouve trop ronde – Que dire, que faire ?

GÉRARD CHAUVEAU ET CARINE MAYO
Il a du mal à apprendre à lire – Comment l'aider ?

BÉATRICE COPPER-ROYER ET GUILLEMETTE DE LA BORIE
Non, tu n'es pas encore ado ! – Les 8-12 ans sont toujours des enfants

JOCELYNE DAHAN ET ANNE LAMY
Un seul parent à la maison – Assurer au jour le jour

DR PATRICE HUERRE ET LAURENCE DELPIERRE
Arrête de me parler sur ce ton ! – Comment réagir ?

Ginette Lespine et Sophie Guillou
Surmonter le chômage en famille – Comment rebondir ?

Xavier Pommereau et Laurence Delpierre
En ce moment, mon ado m'inquiète – À tort ou à raison ?

Gérard Poussin et Anne Lamy
Réussir la garde alternée – Profiter des atouts, éviter les pièges

Nicole Prieur et Isabelle Gravillon
Arrêtez de vous disputer ! – Faut-il se mêler des conflits des enfants ?

Emmanuelle Rigon et Marie Auffret-Pericone
Je rassure mon bébé – L'apaiser et l'encourager, de 0 à 2 ans

Myriam Szejer et Marie Auffret-Pericone
L'entrée à la maternelle – Une grande aventure pour l'enfant

Gilles-Marie Vallet et Anne Lanchon
Moi, j'aime pas trop l'école – Le comprendre, l'aider

Conception graphique et réalisation : Louise Daniel.
Impression : Bussière en 2005.
Editions Albin Michel, 22, rue Huyghens, 75014 Paris
www.albin-michel.fr
ISBN : 2-226-15753-0
N° d'édition : 23587. – N° d'impression : 052759/1.
Dépôt légal : septembre 2005.
Imprimé en France.